MEDITATION FÜR ANFÄNGER

Meditieren Lernen, Für Mehr Konzentration, Fokus Und Gelassenheit

(Wie Sie Schritt Für Schritt Meditieren Lernen für kinder)

Kevin Beich

Published by Knowledge Icon

© **Kevin Beich**

All Rights Reserved

Meditation Für Anfänger: Meditieren Lernen, Für Mehr Konzentration, Fokus Und Gelassenheit (Wie Sie Schritt Für Schritt Meditieren Lernen für kinder)

ISBN 978-1-990084-94-2

All rights reserved. No part of this guide may be reproduced in any form without permission in writing from the publisher except in the case of brief quotations embodied in critical articles or reviews.

Legal & Disclaimer

The information contained in this book is not designed to replace or take the place of any form of medicine or professional medical advice. The information in this book has been provided for educational and entertainment purposes only.

The information contained in this book has been compiled from sources deemed reliable, and it is accurate to the best of the Author's knowledge; however, the Author cannot guarantee its accuracy and validity and cannot be held liable for any errors or omissions. Changes are periodically made to this book. You must consult your doctor or get professional medical advice before using any of the suggested remedies, techniques, or information in this book.

Upon using the information contained in this book, you agree to hold harmless the Author from and against any damages, costs, and expenses, including any legal fees potentially resulting from the application of any of the information provided by this guide. This disclaimer applies to any damages or injury caused by the use and application, whether directly or indirectly, of any advice or information presented, whether for breach of contract, tort, negligence, personal injury, criminal intent, or under any other cause of action.

You agree to accept all risks of using the information presented inside this book. You need to consult a professional medical practitioner in order to ensure you are both able and healthy enough to participate in this program.

Table of Contents

Kapitel 1: Was Ist Meditation?...................1

Kapitel 2: Warum Meditieren?..................8

Kapitel 3: Woher Kommt Das Meditieren?.......13

Kapitel 4: Welche Techniken Der Meditation Werden Am Häufigsten Genutzt?..................17

Kapitel 5: Was Ist Meditation?...................31

Kapitel 6: Meditationstechniken 37

Kapitel 7: In 10 Minuten Zur Inneren Mitte.....58

Kapitel 8: Was Ist Stress Und Was Macht Er Mit Uns? 66

Kapitel 9: In Der Ruhe Liegt Die Kraft, Auch Beim Schwimmen Lernen..................75

Kapitel 10: Erwachen Und Meta-Bewusstsein 138

Kapitel 11: Arten Der Meditation..................147

Kapitel 12: Meditation – Die Resultate..........159

Kapitel 13: Aktive Techniken 163

Kapitel 14: Finden Sie Ihre Innere Kraftquelle 165

Kapitel 15: Glücklich Vom Ersten Augenblick Des Tages An 174

Kapitel 16: Die Kunst Des Meditierens: Die Wirkungsvollste Und Effektivste Form Des Meditierens... 180

Kapitel 17: Gehmeditation.. 185

Kapitel 18: Problem- Und Fehlerlösungen 191

Kapitel 1: Was Ist Meditation?

Was ist Meditation und was kann sie für deine Seele bewirken? Den Begriff Meditation hast du sicher schon gehört und irgendwie mit Religion und Esoterik verbunden. Du denkst vielleicht, Meditation ist schwer und langwierig zu erlernen? Das stimmt so nicht, du wirst sehen, es dauert gar nicht so lange und du bist ein Meditationsprofi.

Nicht reden, nicht denken, nichts machen und einfach in sich reingehen fördert nicht nur die seelische, sondern auch die körperliche Gesundheit auf eine einzigartige Art und Weise. Die anfängliche Anstrengung lohnt sich also auf jeden Fall.

In der alten Philosophie wurde Meditation als Übung empfohlen, um spirituell zu wachsen und dabei den Zugang zu unserem Inneren zu finden. Heutzutage resultiert die Motivation zu meditieren meist dem Wunsch, dem Alltagsstress zu entfliehen. Viele wollen sich eine kleine

Ruheinsel schaffen, einen Rückzugsort, den man überall hin mitnehmen kann.
Denn es wurde wissenschaftlich erforscht, dass 20 Minuten Meditation dem Körper so viel Erholung wie drei Stunden Schlaf bringen. Die Entspannung wird dadurch erreicht, dass unser Körper, unser Geist und unsere Seele während des Meditierens zu einer Einheit werden und wir im Stande sind, unser persönliches Dasein und unsere Umgebung bewusst zu erleben.

Meditation ist ein Prozess der Beruhigung des Geistes, um zur persönlichen Weiterentwicklung Zeit mit sich selbst zu verbringen. Das Ziel dabei ist es, einen höheren Bewusstseinszustand zu erreichen, und das persönliche und spirituelle Wachstum zu intensivieren. In der Praxis bedeutet Meditation, sich auf etwas wie einen Klang, ein Bild, den Atem oder ein Gefühl zu konzentrieren.
Jeder kann von den Resultaten der Meditation zu profitieren. Wir werden zu unseren Ursprüngen zurückfinden und

innerlich erwachen. Wir werden achtsamer werden und präsenter im Hier und Jetzt. Wenn wir diese Fähigkeiten nach und nach in unseren Alltag integrieren, können wir die innere Ruhe und Balance auch beim Sport, bei Spaziergängen, Abendessen, Dates, Gesprächen mit Freunden und neuen Menschen beibehalten.

Die Meditation wird zu einem Teil unseres Lebens. Es wird für dich mehr Bedeutung haben, als nur eine Reihe Übungen, die du ab und zu durchführst. Du wirst merken, dass dein neuer Lifestyle zur Routine wird und dich täglich mit neuen Erkenntnissen und Gefühlen erfüllt. Du wirst dem Leben mehr zuzuhören, es wahrzunehmen und präsent sein. Das ist die Kunst der Meditation, die du in Kürze lernen wirst.

Gar nicht so schwer und kompliziert, oder? Der heutige Markt ist voll mit Angeboten wie meditativen Retreats, Kursen und Seminaren. Heutzutage wird das Wort „Meditation" oft mit „Achtsamkeit" ersetzt, um das Mysteriöse und Unverständliche mit dem Versprechen zu ersetzen, ohne Räucherstäbchen, einem Rückzug in ein Mönchskloster in Nepal oder anderem Hokuspokus das Leben der Meditierenden nachhaltig zu verbessern.

Viele Menschen probieren Meditation irgendwann einmal aus. Vielleicht hast du auch schon mal meditiert und gemerkt, was es für eine wunderbare Übung ist, sich voll und ganz auf eine Sache zu konzentrieren und so richtig abzuschalten. Möglicherweise hattest du Schwierigkeiten, dich zu konzentrieren und still zu sitzen.
Keine Sorge, du bist nicht allein und gerade am Anfang fällt es schwer, einfach nur zu sitzen, nichts zu tun. Du wurdest unruhig, es juckte überall und deine Füße schliefen ein. Das mache ich nie mehr, hast du vielleicht gedacht und das Ende der Stunde herbeigesehnt.

Das ist oft der Grund, warum die meisten dann nach zu kurzer Zeit wieder aufgeben. Die Motivation lässt nach und der Erfolg bleibt aus.

In unserem E-Book werden wir dir einfache und universelle Praktiken zeigen, insbesondere Übungen zur Achtsamkeit, Stressreduktion sowie Atemübungen. Ein bisschen durchhalten musst du schon, dann wirst du schnell kleine Veränderungen spüren.

Es geht nicht darum, Buddhist zu werden und östliche Zeremonien und Rituale zu erlernen, wobei wir die Geschichte und den Ursprung der Meditation kurz erläutern werden.

Vielmehr sollst du das Meditieren in dein Leben zu integrieren und im täglichen Leben entspannter zu leben. Die innere Mitte zu finden, das Bewusstsein zu verändern, im Hier und Jetzt zu leben und andere zu achten – das bewirkt Meditation.

Du wirst alles langsamer und vor allem bewusster machen. Du wirst dir mehr Zeit nehmen, und dein Leben mit größerem Mitgefühl und größerer Wachsamkeit erleben und die Veränderungen spüren.

Dein wahres Potential kommt zum Vorschein und wird unterstützt.

Du wirst auch mit mehr Interesse dein Leben betrachten. Du wirst freier werden von materiellen Dingen, von denen du jetzt denkst, dass du sie dringend brauchst.

Der Zweck der Meditation ist es, deinen Geist in einen Zustand zu führen, der dich deinen Frieden und dein Wohlbefinden erleben lässt, und alles eliminiert, was für dein Leben nicht förderlich ist. Wenn du dein Leben objektiv betrachtest, wirst du feststellen, dass du die meiste Zeit und Energie darauf verwendest, nach materieller und emotionaler Sicherheit zu suchen, Sinnesfreuden zu genießen oder einen guten Ruf aufzubauen.
Diese Dinge machen uns für kurze Zeit glücklich. Sie sind aber nicht in der Lage, die tiefe, dauerhafte Zufriedenheit zu bieten, nach der wir uns wirklich sehnen. Früher oder später verwandelt sich unser Glück in Unzufriedenheit, und wir befinden uns wieder am Anfang der Suche. Weltliche Freuden können seelische Schmerzen und Ängste verursachen, da

man oft krampfhaft versucht, zu behalten was man hat. Man quält sich oft mit Eifersucht und Neid. Auch kann es sein, dass wir mit anderen in Streit geraten, um eigene Wünsche zu erfüllen.

Wo liegt also die Quelle von Glück und Zufriedenheit? Glück ist ein Geisteszustand, daher liegt die wahre Quelle des Glücks in deinem Inneren, in dir selbst und nicht in äußeren Umständen. Um dieses Glück und die gelassene Zufriedenheit zu finden, können dir meditative Übungen helfen.

Kapitel 2: Warum Meditieren?

Hallo, mein Name ist Bernhard Laub, und an erster Stelle möchte ich mich hier bei dir dafür bedanken, dass du dich für den Kauf von „Meditation für Anfänger und Fortgeschrittene" entschieden hast. Dieses Buch enthält alle grundlegenden Informationen über die Meditation und zeigt dir in einem 14-tägigen Programm, wie du verschiedene Meditationsübungen ganz einfach in dein alltägliches Leben integrieren kannst. Du entdeckst die Macht deines Geistes und schaffst dir deine ganz eigene kleine Ruheoase im Alltag. So wirst du schon bald erkennen, dass das wahre Glück in dir selbst ruht und dass du selbst den Schlüssel zu einem sowohl körperlich als auch geistig ausgeglicheneren und gesünderen Leben in der Hand hast.

Du kennst sicher folgende alltägliche Situationen: Du wartest morgens ewig darauf, dass dein Mitbewohner das Bad räumt? Dein Bus hat Verspätung und das, obwohl du extra früher aus dem Haus bist, um ihn zu erwischen? Du stellst dich immer ausgerechnet in der Schlange an der Supermarktkasse an, bei der es am längsten dauert? Das bringt die meisten von uns in weniger als fünf Minuten auf die Palme. Doch was wäre, wenn du diese impulsiven Wutattacken mit einer einfachen Methode in den Griff bekommen und so die Energie besser an anderen Stellen einsetzen könntest? Gibt es vielleicht einen Weg, wie du negative Emotionen und Gedanken, Wut, Ängste und Sorgen abstellen oder gar in etwas Positives verwandeln kannst? Es gibt ihn tatsächlich! Regelmäßige Meditation. Das Meditieren führt dich zurück in deine Mitte – körperlich wie emotional - schärft deine Aufmerksamkeit und hilft dir dabei, deinen Körper und deinen Geist bewusst wahrzunehmen und in positivere Bahnen zu lenken!

WAS GENAU MEDITATION IST
Die Meditation ist eine uralte, aus Indien stammende Technik mit dem Ziel, den

Körper vollkommen zu entspannen und gleichzeitig Ruhe und Klarheit in den Geist zu bringen. Der Meditierende soll jegliche negativen Gedanken, die an ihm zehren, wie unter anderem Sorgen um die Zukunft, Ängste, schlechte Erinnerungen aus der Vergangenheit und Wut, loslassen und bewusst in seinem Körper und dem jetzigen Moment verweilen. Die Welt um ihn herum verstummt, während sein Geist und sein Bewusstsein erwachen. Meditationstechniken gibt es, bedingt durch die Geschichte, die Verbreitung und spezielle Absichten der Meditation, etliche. Sie kann passiv und still oder auch aktiv, geräuschvoll und dynamisch sein. Doch am Ende haben alle genau eines gemeinsam: Dich in Einklang mit dir selbst und deinem Umfeld zu bringen. Du lernst dich selbst kennen, wirst bedachter und mitfühlender und lernst so auch deine Mitmenschen besser zu verstehen, anstatt sie zu verurteilen oder dich unnötig aufzuregen.

WARUM DU MEDITIEREN SOLLTEST

Gibst du regelmäßiger Meditation eine Chance und öffnest dein Herz, bereichert sie dein Leben in vielerlei Hinsicht:

1. Du wirst Herr über deine Gefühle und Gedanken
2. Du findest Sicherheit und Ruhe zu jeder Zeit und überall in dir selbst
3. Du wirst allgemein ein positiverer Mensch
4. Du findest dein inneres Gleichgewicht, gewinnst Energie und verlierst Stress
5. Du lernst deinen Atem richtig kennen und einzusetzen
6. Materielles verliert zunehmend seinen Wert
7. Du lernst, Negatives und dich Belastendes loszulassen: Sorgen, Ängste, Erwartungen, Bewertungen
8. Du triffst leichter und sicherer Entscheidungen
9. Du lernst Wut, Eifersucht und Sorgen zu erkennen und zu kontrollieren
10. Du wirst dankbar für das, was du im jetzigen Moment besitzt und lebst

Im kommenden Kapitel werde ich dir für einen Zeitraum von 14 Tagen verschiedene Meditationen zeigen, welche du Schritt für Schritt nach deinem eigenen Tempo und deinen individuellen Bedürfnissen in deinen Alltag integrieren kannst. Dabei spielt es keine Rolle, ob du gerade erst mit dem Meditieren anfängst oder schon eingefleischter Profi bist – es ist für jeden etwas dabei. Halte das Meditation-Programm zwei Wochen lang durch, und du wirst am Ende eine Menge neuer Meditationen in deinem Repertoire haben, die du dann je nach Belieben und Bedürfnis immer wieder anwenden kannst.

Kapitel 3: Woher Kommt Das Meditieren?

Wer hat das Meditieren erfunden? Du glaubst wahrscheinlich, so wie die meisten Menschen, dass die Meditation aus dem Buddhismus stammt. Das ist aber nicht so. Die Ursprünge reichen viel weiter zurück und liegen im südlichen Indien. Dort wurden die ersten Formen der Meditation entwickelt, in Verbindung mit einer meditativen Form des Yoga, dem sogenannten Kriya Yoga.

In den Veden, den frühesten religiösen Schriften aus Indien, ist nachzulesen, dass die hohen Priester Gebetsmeditationen praktiziert haben. Diese ersten Formen der Meditation waren eine Kombination aus Konzentration auf das Göttliche und einem bewussten, kontrollierten Atmen. Das Wissen dieser überlieferten Traditionen wird bis heute im Buddhismus, im Daoismus und im Hinduismus angewendet.

Die damaligen Weisheitslehrer haben ihr Wissen an ihre Schüler weitergegeben und so hat sich im Laufe der Zeit dieses Wissen auch in andere Länder ausgebreitet. Der Buddhismus hat stark dazu beigetragen, dass das Wissen über die Meditation heute so weit verbreitet ist. Es gibt mittlerweile sehr viele Menschen auf der ganzen Welt, die von der Meditation begeistert sind.

Neben dem Hinduismus, dem Christentum und dem Islam, ist der Buddhismus eine der größten Religionen der Welt. Im Buddhismus werden aber, im Gegensatz zu allen anderen Religionen, keine Götter angebetet, sondern man glaubt hier an einen Zyklus der Wiedergeburt. Das Ende dieses Zyklus ist das sogenannte Nirwana, das vergleichbar ist mit dem Paradies im Christentum.

Die Meditation spielt im Buddhismus eine zentrale Rolle, durch die ein Zustand der Losgelöstheit von der eigenen Ich-Identität erreicht werden soll. Der Übende erhält so einen tiefen Einblick in die wahre Natur seiner Existenz und erkennt dadurch, dass sein Verstand Leiden erzeugt. Im

Christentum ist das Gebet die Parallele zur Meditation.

Die Meditationspraxis ist schließlich über die Seidenstraße auch in der westlichen Welt angekommen. Im späten 19. Jahrhundert wurde die Meditation durch asiatische Meister und Zen-Mönche in unserer westlichen Kultur einer breiteren Öffentlichkeit zugänglich gemacht. Zuerst in den USA, dort traf sich 1893 das Weltparlament der Religionen.

Im darauffolgenden 20. Jahrhundert wurden verschiedene Bücher und Programme herausgegeben. Wie zum Beispiel das tibetanische Totenbuch, der Dharma - Gammler und das MBSR - Programm (Mindfulness - Based - Stress - Reduction) von Professor Jon Kabat-Zinn und erhielten große Aufmerksamkeit.

Der praktische Nutzen der Meditation ist also mittlerweile auch bei uns angekommen. Immer mehr Menschen erkennen, dass die Meditation kein rein esoterisches oder religiöses Gedankengebäude ist, sondern vollkommen universell. Jeder Mensch kann meditieren und ist somit in der Lage, sein körperliches und geistiges Wohlbefinden zu verbessern.

Der Trend hin zum Meditieren wird daher in den nächsten Jahren mit Sicherheit weiter zunehmen und stärker werden. Im nächsten Kapitel erfährst du, welche guten Auswirkungen das Meditieren bei dir hervorrufen kann. Es gibt mittlerweile viele wissenschaftlich anerkannte Methoden die das bestätigen. Probier es unbedingt einmal selbst aus. Du wirst erstaunt sein, welche positiven Wirkungen das regelmäßige Meditieren haben kann. Los geht's mit den vielen Vorteilen.

Kapitel 4: Welche Techniken Der Meditation Werden Am Häufigsten Genutzt?

Es gibt schier unendlich viele Arten der Meditation. Experten sprechen von mehreren Millionen Möglichkeiten. Einige der Bekannteren sind z. B.: Mantra Meditation, Tratak, Ausdehnungsmeditation, Achtsamkeitsmeditation oder auch die Chakra Meditation. Alle Variationen aufzuzählen ist so gut wie unmöglich.

Der Einfachheit halber kann man die Meditation in aktive und passive Formen unterteilen: Bei den aktiven Meditationen wird der Körper miteinbezogen. Das geschieht z. B. durch bestimmte Bewegungsabfolgen, die voller Konzentration ausgeführt werden oder mit Hilfe spezieller Atemtechniken. Man soll sich voll und ganz auf die Abläufe konzentrieren. Je besser man sich fokussiert, desto weniger Raum haben schlechte Gedanken. Populäre Formen der aktiven Meditation sind z. B. Chakra Breathing, Whirling, Gehmeditation oder Meditation nach sogenannten Chakra Sounds. Nach den bewusst aktiven Abläufen findet der Abschluss meistens in einer entspannten Position statt (sitzend oder liegend), wenn der Geist selbst schon lange zur Ruhe gekommen ist.

Ganz anders verhält es sich mit den passiven Formen der Meditation. Wie der Name schon vermuten lässt, spielt der Körper dabei nur eine Nebenrolle. Hier liegt der Fokus darauf, den Geist völlig zu entspannen. Dieser Zustand wird mit Formen wie z. B. Vipassana oder Body Scan erreicht. Dabei konzentriert man sich ganz auf die derzeitigen körperlichen und emotionalen Empfindungen, allerdings ohne diese ändern oder beurteilen zu wollen. Oft werden solche Achtsamkeitsrituale in regungslosem Sitzen, dem sogenannten Zazen, ausgeführt. Um völlig zu entspannen, fokussieren einige Menschen ihren Geist auf bestimmte Dinge wie z. B. das Licht einer Kerze.

Eine weitere Möglichkeit, seinem Bewusstsein auf eine andere Ebene zu verhelfen, kann eine geführte Meditation sein. Dabei wird mit Metaphern gearbeitet, die durch ihre bildhafte Sprache den Geist anregen, sich in eine angenehme Atmosphäre zu begeben. So kann man unter Anleitung eines Trainers dem Gehirn bestimmte Situationen suggerieren. Alles, was positive Bilder im Kopf verankert, ist gewollt. Bei regelmäßigem Training können quälende Gedankenspiralen dauerhaft durchbrochen werden.

Die geführte Meditation ist dem autogenen Training sehr ähnlich. Diese Methode ist in unseren Regionen mittlerweile eine gesetzlich anerkannte Form der Psychotherapie. Sie ist weit verbreitet und erfreut sich immer größer werdender Beliebtheit. Das ist auch kein

Wunder. Seit 1926 wird diese Art der Meditation bereits erfolgreich eingesetzt. Mit dieser Therapie wird von innen heraus versucht, für Entspannung zu sorgen. Das kann mit Hilfe eines Trainers oder eines einfachen Tonträgers passieren. Wichtig ist nur, dass man ohne äußere Einflüsse zu völliger Entspannung gelangt. Das autogene Training unterscheidet dabei drei Stufen:

– In der Grundstufe wendet man sich an das vegetative Nervensystem.

– Die zweite Stufe besteht aus sogenannten Organübungen. Mit Hilfe dieser Übungen sollen die Funktionen der Organe reguliert sowie optimiert werden.

– Die dritte Stufe soll langfristig das Verhalten beeinflussen, indem man in unbewusste Bereiche vordringt.

Damit ist das autogene Training besonders geeignet für Menschen, die unter einem Burnout oder anderen psychischen Belastungen leiden.

Fantasiereisen eigen sich perfekt für Menschen, die einen Einstieg in die Welt der Meditation suchen. Damit kann man durchaus einen tiefen Zustand der Entspannung erreichen. Ebenfalls unter Anleitung wird unser Geist bei dieser Alternative auf eine Reise geschickt. Das kann ein loderndes Kaminfeuer oder der feinsandige Palmenstrand sein. Häufig wird die Reise ins Land der Träume mit Hilfe von Klangschalen untermalt.

Yoga zählt ebenfalls zur Meditation. Diese aus Indien stammende Lehre basiert auf körperlichen und geistigen Übungen, die uns den Weg zur Selbsterkenntnis zeigen sollen. Es beinhaltet sehr viele verschiedene Übungen wie z. B. Asanas oder Yogasutras. Um nur einige Wenige davon zu nennen. In Indien steht Yoga auch heute noch als Zeichen für Spiritualität. Unsere westlichen Kulturen hingegen sehen es eher als eine Art Lifestyle-Bewegung an. Besonders Menschen, die ihr Leben einfach bewusster gestalten wollen setzen verstärkt auf diesen Trend. Interessant ist dabei die Übersetzung des Worts Yoga selbst: Es kann sowohl "Anspannung" als

auch "Vereinigung" bedeuten. Damit sind die Übungen auf der körperlichen Ebene ebenso gemeint wie die des Geistes.
Der Körper wird zum Teil angespannt, damit der Geist sich entspannen kann.

Eine alte chinesische Form der Meditation ist das sogenannte Qi Gong. Diese Lehren beinhalten Konzentrations- Meditations- und Bewegungsformen, um Körper und Geist in Einklang zu bringen. Spezielle Bewegungsabläufe, eine kontrollierte Atmung sowie Konzentrationsübungen harmonisieren den Qi-Fluss im Körper. Als Qi bezeichnet die traditionelle chinesische Medizin den Fluss der Lebensenergie im menschlichen Körper. Sobald dieser Energiefluss gestört ist, kommt es zu Blockaden. Qi Gong wirkt also harmonisierend.

Ebenfalls aus dem chinesischen Raum stammend ist Tai-Chi. Damit ist eine Kampfkunst gemeint, die bereits im damaligen Kaiserreich entstanden ist. Tai-Chi wird mittlerweile weltweit ausgeführt und zählt damit zu den beliebtesten Kampfkünsten überhaupt. Was ursprünglich für den Nahkampf entwickelt wurde, ist heute eher als eine Art Bewegungslehre anzusehen, die uns in der Persönlichkeitsentwicklung helfen soll. Das bedeutet, dass die eigentliche Kampfkunst immer mehr in den Hintergrund rückt. Vielmehr sollen komplexe Bewegungsabläufe erlernt werden, für die ein Höchstmaß an Konzentration gefordert ist. Diese Fokussierung auf die korrekte Ausführung wird wie eine Art Meditation verstanden, die Körper und Geist gleichermaßen anspricht.

Die einfache Mantra Meditation ist für Anfänger sehr gut geeignet. Sie ist besonders leicht erlernbar und trotzdem sehr wirkungsvoll. Während man seinen Atem kontrolliert, wird immer wieder ein bestimmtes Mantra wiederholt. Das können z. B. Worte wie "Lebe frei" oder "Loslassen" sein.

Eine Steigerung dieser einfachen Methode ist die kombinierte Mantra Meditation. Sie gehört zur bekanntesten Technik, da das bekannte Wort "OM" zum Einsatz kommt. "OM" ist übrigens der Ausspruch der ursprünglichen Mantras und wird auch Klang des Universums bezeichnet. Um zur völligen Ruhe und Entspannung zu gelangen, kombiniert man eine spezielle Atemtechnik mit einer Lenkung seines Bewusstseins und dem Mantra "OM". Eine weitere Form ist das "Soham". Dieses Mantra ist der Klang unseres Atems. Das heißt, bei jedem Einatmen spricht man das Wörtchen "SO" und beim Ausatmen "HAM" aus. Übersetzt heißt das soviel wie "Ich bin das".

Besonders beliebt in der Psychotherapie ist die Achtsamkeitsmeditation. Im Gegensatz zur Fokussierung auf einen bestimmten Punkt wird bei dieser Methode der Blick für die Umgebung geöffnet. Man bezeichnet eine Achtsamkeitsmeditation nicht umsonst auch als "Panorama-Bewusstsein". Der

Vorteil liegt darin, dass wir sie nicht nur üben können, wenn wir uns still in eine dafür vorgesehene Ecke setzen. Vielmehr lässt sich die Achtsamkeit ganz wunderbar in den Alltag integrieren. Zum Beispiel beim nächsten Abwasch nicht an das Fernsehprogramm denken, sondern sich der aktuellen Aufgabe zu widmen. Ohne Ablenkung und störende Gedanken.

Man soll jeden Moment des Tages ganz bewusst erleben. Dazu zählen auch die unschönen Arbeiten des Tages. Jeder von uns widmet sich natürlich lieber den schönen Dingen des Lebens. Das ist aber im Alltag nicht immer möglich. Trotzdem leben wir auch in den stressigen Momenten. Der springende Punkt ist, sich bewusst zu machen, dass wir leben. Das gilt für jeden einzelnen Moment. Egal, ob wir an der Kasse im Supermarkt stehen oder vor dem knisternden Kamin sitzen. Beides wird mit der Achtsamkeitsmeditation ganz bewusst wahrgenommen, aber nicht bewertet.

Eine weitere, bekannte Variante ist die Chakra Meditation. Diese Lehre beruht auf der Annahme, dass durch verschiedene Chakren im Körper unsere Lebensenergie fließt. Diese Punkte brauchen ebenfalls Nahrung in Form von Bewusstsein und Energie.

Man unterscheidet 7 Hauptchakren:

– Das Wurzelchakra: Es steht für Lebenskraft und die Verbindung mit dem Irdischen.
– Das Sakralchakra: Das zweite Chakra beinhaltet die Emotionen und die Lebenslust.
– Das Solarplexuschakra: Hier ist der Sitz unserer Identität verwurzelt.
– Das Herzchakra: Es steht für Herzensfreude, Liebe und Mitgefühl.
– Das Halschakra: Auch Kehlkopfchakra genannt, steht vor allem für unsere Seele.
– Das Stirnchakra: Es ermöglicht den Zugang zu unserer Seele.
– Das Kronenchakra: Dieses Chakra bedeutet vor allem göttliche Verbindung.

Sind diese Chakren im Körper blockiert, hat das direkte Auswirkungen auf unser Wohlbefinden. Um diese Störungen zu beheben, kann man sich mit einer speziellen Meditation ganz auf das jeweilige Chakra konzentrieren. Das Ziel ist die Öffnung, Energetisierung und Entspannung der Chakren.

Die Formen der abstrakten Meditation sind bei uns noch wenig bekannt. Dabei sitzt man in völliger Ruhe und bewegungslos in einer bestimmten Position. Anschließend löst man mit Hilfe seiner Gedanken Bilder, Worte und Gedanken auf. Als Hilfsmittel dafür werden z. B. Mantras eingesetzt, die das "innere Radio" abschalten sollen. Es geht darum, in völliger Stille und ohne störende Bilder sein Bewusstsein zu erleben. Diese Meditationstechnik erfordert allerdings sehr viel Übung.

Die Samprajnata Meditation ist ebenfalls eher für Fortgeschrittene geeignet. Sie besteht aus verschiedenen Ebenen, die man durchlaufen muss, um sein Bewusstsein zu erweitern. Zuerst soll man seinen Körper ganz genau wahrnehmen. Das heißt, man versucht, alle Körperteile zu spüren. Danach wird der Körper als Teil seiner Umwelt wahrgenommen. Die Verbindung mit der direkten Umgebung, mit der Erde und dem Weltall.

Dann beginnt man mit der Geistesebene: Eigene Gefühle und Gedanken spüren, um eine Verbindung mit dem Geist seiner Umwelt herzustellen. Die dritte Stufe, das "Sananda" ist die Identifikation mit der Liebe, welche die ganze Schöpfung umfasst. Die letzten Stufen "Sasmita" und "Asamprajnata" helfen bei der wertungsfreien Identifikation mit dem eigenen Ich und der Selbstverwirklichung.

Die Liste der verschiedenen Techniken könnte endlos weitergeführt werden und noch längst haben nicht alle Methoden den Weg in unsere Welt geschafft. Die große Vielfalt macht es gerade für

Anfänger so schwer, die richtige Meditation für sich zu finden. Professionelle Lehrer können in ausführlichen Kursen weiterhelfen.

Mittlerweile haben sogar viele Krankenkassen erkannt, wie wertvoll Entspannung ist und unterstützen daher anerkannte Kurse. Im Internet können mittlerweile sehr viele brauchbare Anleitungen gefunden werden. Wichtig ist eigentlich nur, dass man eine Variante wählt, die auch zur körperlichen Verfassung sowie zur inneren Einstellung passt. Nicht für jeden Menschen sind komplexe Choreografien geeignet. Viele Stressgeplagte müssen Entspannung wieder ganz neu lernen. Für solche Menschen eignen sich geführte Meditationen unter Anleitung besonders gut. Oft wird vergessen, dass uns die einfachsten Tätigkeiten im Haushalt entspannen können. Die Monotonie vom Bügeln oder Gartenarbeit hilft zum Beispiel sehr vielen Menschen, den Alltag hinter sich zu lassen. Voraussetzung dafür ist, dass die Tätigkeit nicht als anstrengend oder sogar belastend wahrgenommen wird, da der Körper erneut mit Stress darauf reagiert.

Kapitel 5: Was Ist Meditation?

„Meditation" – dieser Begriff ist vom lateinischen Wort „Meditari" abgeleitet und ins Deutsche übersetzt, bedeutet es „Nachdenken, überlegen, nachsinnen". Die Meditation stellt noch heute in vielen Kulturen und Religionen einen festen Bestandteil des Lebens dar, deren Ziel es ist, den Geist durch spezielle Konzentrationsübungen zu beruhigen, sodass dieser sich sammeln kann.

Seit Jahrtausenden bereits ist die Meditation in den östlichen Religionen des Hinduismus und Buddhismus eine grundlegende Übung für die Erweiterung des eigenen Bewusstseins. Das höchste Ziel ist das Erreichen des Nirwana oder die Erleuchtung. In anderen Religionen wie den christlichen, jüdischen und islamischen gilt als höchstes Ziel der Meditation, das Göttliche persönlich zu erfahren.

Innehalten durch die Meditation

Bewusst innezuhalten, auf den eigenen Atem zu hören bzw. zu achten und jeden einzelnen Moment bewusst wahrzunehmen – genau dies lehrt uns die Meditation. Das ist besonders in unserer heutigen Zeit, wo wir viel Stress, Hektik und einer Reizüberflutung ausgesetzt sind, wichtig. Besonders in Hinsicht darauf, dass die alltäglichen Anforderungen immer weiter steigen und damit dem Druck, diese zu erfüllen. Die Begleiterscheinungen kennen viele:

- Unzufriedenheit
- Sinkende Lebensenergie
- Stressbedingte Symptome, wie Aggression, Rückenschmerzen oder übermäßiges Essen

Viele sind sich nicht bewusst darüber, dass unsere Gedanken praktisch ein Eigenleben führen. Diesen Menschen gelingt es nur äußerst selten zur Ruhe zu kommen.

Ständig geht Ihnen etwas durch den Kopf, was sie noch erledigen müssen. Dazu kommen dann noch Ängste und Sorgen. Kurz und gut: der größte Teil der Zeit wird damit verbraucht, sich mit der Zukunft und der Vergangenheit auseinanderzusetzen.

Die Folge ist, dass die Lebensqualität abnimmt und die Gesundheit leidet.

Erkennst du dich wieder?

Die Meditation ist achtsam und sie ist zugleich ohne Bewertung. Wir lernen, in der Meditation zu beobachten was ist. Meditieren bedeutet also nicht, irgendetwas zu erreichen, wie bspw. bei einer Traumreise, sondern wir üben, eben dort vollkommen zu sein, wo wir uns gerade befinden. Bei der Meditation geht es keinesfalls darum die Flucht zu ergreifen, um an einen schöneren und besseren Ort zu gelangen oder um sich abzulenken. Sondern bei der Meditation geht es bei der Achtsamkeit darum, das Gewahrsam wahrzunehmen.

Um es einfacher auszudrücken: Sobald du meditierst, wirst du nach und nach deine innere Ruhe finden – du findest Entspannung und Ausgeglichenheit in deinem Leben. Kurz gesagt, du entschleunigst.

Mit Meditation finden wir zu Ruhe und Ausgeglichenheit! Die Meditation ist also mit dem Geist im gegenwärtigen Augenblick zu sein.

Dein Geist ist ruhig ohne Erwartung, ohne Bewertung – dann meditierst du! Ein Geist, der zu seiner Quelle zurückkehrt – das ist Meditation!

Die Reise nach innen

Meditation ist etwas Wundervolles! Du musst keineswegs nach Indien reisen oder dich in eine abgelegene Höhle im Himalaya einnisten, um Meditation zu erfahren. Möchtest du meditieren, dann kannst du das an jedem beliebigen Ort tun, sogar auf deinem Balkon oder im Wohnzimmer, bevor du schlafen gehst oder am Morgen vor der Arbeit.

Was also genau bedeutet meditieren? Nichts anderes, als das du in diesem Moment tief in dein Inneres abtauchst. Dabei wird dein unruhiger Geist, der dich nicht zur Ruhe kommen lässt und immer wieder alte Geschichten vorbringt, dich immer wieder mit Sorgen und Ängsten plagt oder dich gar wilde Zukunftspläne schmieden lässt, wieder zurück an seine Quelle geführt. Das heißt, dein Geist wird an den Ort geführt, der frei von Bewertungen ist, eben den Punkt wo es kein gut oder schlecht gibt und auch kein „ich will" sowie Ablenkung. Dort befindet sich nur das Sein!

Während der Meditation ist der Geist wach, wobei sich Geist und Körper in einer absoluten und tiefen Ruhe befinden.

Meditation bedeutet, dass du deinen Geist ausrichtest und das geschieht mit Konzentration. Dafür benötigst du diszipliniertes Üben und dranbleiben. Doch was zu Beginn als schwer und nicht machbar erscheint, das wird mit der Zeit immer lockerer und einfacher.

Letztendlich ist Meditation Loslassen!

Kapitel 6: Meditationstechniken

Nun möchte ich aufzeigen, wie das Meditieren überhaupt funktioniert. Ich erkläre Euch jetzt den genauen Ablauf der Meditation und erkläre dann im Detail verschiedene Meditationstechniken. Leider kann ich nicht jede Meditationstechnik im Einzelnen erklären, da dies den Rahmen meines E-Bookes sprengen würde. Aber ich verspreche Euch, dass Ihr einen umfassenden Einblick erhalten werdet und dass Ihr danach in der Lage seid, mit der Meditation zu beginnen.

Ablauf jeder Meditation

Im Grunde genommen läuft jede Meditation gleich ab: Ihr begebt Euch in die bequeme Sitzposition (falls Ihr das passive Meditieren durchführen wollt) und schließt die Augen. Nun konzentriert Ihr Euch auf Euren Atem, Ihr spürt genau, wie dieser Atem durch Euren Körper fließt. Achtet bewusst auf jede Bewegung, die der Atem auslöst. Hiermit erreicht Ihr die nötige Entspannung und das Bewusstsein auf das Hier und Jetzt. Genau dieses Bewusstsein, das Sein in der Sekunde und das Aufnehmen des Körpers, ist die Voraussetzung, dass Ihr mit dem Meditieren beginnen könnt. Das ist wie beim Autofahren: Erst hineinsetzen, anschnallen und den Motor starten. Erst jetzt könnt Ihr mit dem Autofahren beginnen.

Diese Übung zum Starten der Meditation führt ihr am besten am Anfang nur für ein paar Minuten aus – länger werdet Ihr das auch gar nicht aushalten. Es reicht völlig, wenn Ihr Euch fünf Minuten lang hinsetzt und auf Eurem Atem konzentriert. Nach ein paar Tagen könnt Ihr mit der nächsten Übung beginnen: Das Fokussieren. Stellt Euch dann ein Bild vor, das bei Euch positive Gefühle auslöst. Das kann ein Strand mit einer Palme sein, eine Tasse Cappuccino oder nur eine farbige Fläche.

Bei der Zen-Meditation stellt man sich zum Beispiel eine graue Fläche vor. Das Fokussieren und das Konzentrieren auf nur ein Bild wird Euch wahrscheinlich schwer fallen. Immer wieder werden scheinbar wichtige Gedanken auftauchen, die Ihr aber beiseiteschieben sollt. Diese Gedanken sind jetzt nicht wichtig, nur das Konzentrieren auf das eine Bild.

Sobald Ihr diese beiden Übungen beherrscht und diese auch mal eine halbe Stunde oder gar länger durchhaltet, ohne dass Ihr das Gefühl habt, Ihr würdet Euch langweilen oder es wäre zu viel Zeit verloren, dann könnt Ihr mit der richtigen Meditation beginnen.

Wie ich zu Beginn des E-Bookes bereits geschildert habe, gibt es verschiedene Meditationstechniken, die auch unterschiedliche Ziele verfolgen. Der Ablauf der Meditation hängt somit stark vom erwarteten Ziel ab. Das heißt, wer seine Konzentration stärken möchte, der wird vorrangig Konzentrationsübungen machen. Wer seinen Stress abbauen will, der führt die Ruhemeditation durch, bei der es sehr wichtig ist, an nichts zu denken. Gedankenlosigkeit ist gar nicht so einfach, denn irgendein Gedanke kommt immer auf und sei es nur der, dass man sich darauf konzentriert, nicht zu denken. Auch dies ist ein Gedanke, der eigentlich nicht da sein sollte.

Meditation der Stille

Die Meditation der Stille kann verwendet werden, um eigenen Stress abzubauen. Wer diese Meditationsart des Öfteren ausübt, wird feststellen, dass sich der innere Stress immer mehr auflöst und dass sogar stressige Situationen gar nicht mehr als stressig empfunden werden. Jeder wird dann in der Lage sein, die absolute Ruhe zu bewahren, wenn die Außenwelt hektisch reagiert. Diese Ruhe kann dann auf Befehl abgerufen werden, ohne dass man sich in eine meditierende Sitzhaltung begibt.

Um die Meditation der Stille auszuüben, benötigt man eine ruhige Umgebung. Das bedeutet, dass man das Handy, das Telefon, das Radio und alles andere abstellt, was einen ablenkt und stören könnte. Perfekt wäre es, wenn man in den eigenen vier Wänden allein ist, sodass wirklich niemand stören kann. Jetzt begibt man sich in den Sitz der Meditation und beginnt mit dem Atmen. Dieses Atmen nimmt man klar und deutlich wahr. Beim Einatmen kann man sich vorstellen, wie man die Stille aufsaugt und beim Ausatmen lässt man alle Probleme und Sorgen los.

Nun kommt der schwierigste Teil: Das Konzentrieren darauf, dass man nichts denkt. Dies wird etwas dauern, bis es tatsächlich passiert. In der heutigen Zeit hat man leider allzu viel im Kopf. Aber genau das möchte man ja mit der Meditation loswerden. Sollte sich also ein Gedanke aufdrängen, dann darf man ihn ruhig ein bisschen betrachten, dann aber abschieben. Hierzu kann man auch verschiedene Mantras nutzen.

Die Länge der Meditation kann jeder selbst bestimmen, ebenso wie den Zeitpunkt. Wichtig ist nur, dass man sich hierfür Zeit nimmt. Eine Minute zwischen Tür und Angel hat natürlich keinen Nutzen. Generell kann gesagt werden, dass der Effekt positiver ausfällt, wenn man länger meditiert. Zu Beginn schafft man jedoch nur ein paar Sekunden oder ein paar Minuten, in denen man wirklich gar nichts denkt.
Dieser Zeitraum wird aber nach und nach ausgebaut und plötzlich kann man stundenlang meditieren, ohne etwas zu denken.

Die Meditation der Stille hat aber noch einen anderen Effekt: Man wird feststellen, dass sich mit der Zeit die eigenen Probleme gar nicht mehr so schlimm oder negativ anfühlen. Man lernt, dass es etwas Wichtigeres auf der Welt gibt, als die eigenen Probleme. Sicherlich soll die Meditation der Stille nicht dazu führen, dass man gar keine Probleme mehr Ernst nimmt. Es tut aber gut, wenn man diese etwas lockerer nimmt. Des Weiteren fährt der Blutdruck herunter und das Risiko, einen Herzinfarkt zu erleiden, wird so verringert.

Meditation der Achtsamkeit

Diese Meditationsart wird auch oft als Einsichtsmeditation bezeichnet. Das stärkste Merkmal dieser Variante ist der aufrechte Sitz, bei dem sich die Spannung mit einer
Entspannung kombiniert. Hierbei wird die Wirbelsäule aufrecht gehalten und die Schultern sind entspannt. Beide Hände werden auf den Bauch gelegt: Eine Hand befindet sich über dem Bauchnabel und die andere Hand unter dem Bauchnabel.

Während des Meditierens werden die Gedanken nicht beiseite geschoben, sondern absichtlich betrachtet und analysiert. Daher eignet sich diese Meditation für alle, die ihre eigenen Gefühle ergründen möchten und auch lernen wollen, mit diesen umzugehen. Aber auch als Problemlösung kann diese Meditationsart verwendet werden.

Der Beginn dieser Meditation verläuft wie bei der Meditation der Stille: Auf das eigene Ein- und Ausatmen achten und dabei absichtlich wahrnehmen, wie die Hände den Bauch berühren. Auch jetzt darf man mit Mantras das Ein- und Ausatmen bewusst in sich aufnehmen.

Ab jetzt verläuft die Meditation anders: Nun werden alle Gedanken, die aufkeimen, genau betrachtet. Allerdings sollten diese nicht bewertet, sondern lediglich betrachtet werden. Mit dieser Weise werden alle Gefühle und Gedanken angenommen und deren Ursprung erkannt. Man erkennt nun, dass viele Stimmungen im Grunde genommen mit der Vergangenheit zusammen hängen. Durch diese Feststellung ist es möglich, alle negativen Gefühle beiseite zu schieben – schließlich betrachtet man sie nun aus einem anderen Augenwinkel und genehmigt ihnen wesentlich weniger Emotionen. Sie werden sozusagen neutralisiert.

Wann und wie lange diese Meditation durchgeführt wird, kann jeder selbst entscheiden. Wichtig ist nur, dass eine Regelmäßigkeit vorhanden ist und dass die einzelne Sitzung mindestens 10 Minuten dauert.

Die Achtsamkeitsmeditation hat laut Untersuchungen die meisten Auswirkungen und kann sowohl den Geist als auch den Körper stärken.

Konzentrationsmeditation

Wie der Name verrät, soll mit dieser Technik die eigene Konzentration gestärkt werden. Aus diesem Grund richtet sich die Technik im vollen Maß auf die

Konzentration. Wer diese Meditation öfter und regelmäßig ausübt, wird seine Konzentration insgesamt stärken können, auch dann, wenn er in diesem Moment keine Meditation ausübt. Diese Meditation ist somit wichtig, um die eigene Leistungsfähigkeit zu erhöhen.

Trotz alledem wird auch bei dieser Meditation eine bequeme Sitzhaltung eingenommen und die Meditation beginnt wie immer mit dem bewussten Wahrnehmen des eigenen Atem. Man spürt auch hier, wie die Luft in den Körper steigt und die Luft auch wieder hinausgeht. Auch hier darf das bewusste Atmen mit Mantras unterstützt werden.

Nun versucht man, sich auf eine Sache zu konzentrieren. Das kann ein visualisiertes Bild sein, eine Farbe oder eine Situation. Wichtig ist nur, dass der Fokus auf die ausgesuchte Sache über die gesamte Zeit erhalten bleibt. Hiermit wird die Konzentration gestärkt. Sollten sich zwischendurch andere Gedanken, Gefühle oder Dinge aufdrängen, so dürfen diese beiseite geschoben werden. Wichtig ist nur, dass man sich auf eine Sache konzentriert. Man versucht, alle Gedanken und Gefühle aufzunehmen, die mit dieser Sache zusammenhängen. Man sollte den auserwählten Gegenstand sogar richtig fühlen und schmecken können.

Gehmeditation

Im Gegensatz zu den oben drei beschriebenen Meditationstechniken handelt es sich bei der Gehmeditation um eine aktive Meditationsform. Bei dieser Meditationsart bewegt sich der Meditierende im Schritt vorwärts. Hierbei ist es relativ gleichgültig, wie schnell er geht. Er muss nicht absichtlich langsam laufen, er muss aber auch kein Joggen absolvieren. Vielmehr ist es wichtig, sich beim Gehen auf das Gehen selbst zu konzentrieren. Man nimmt hierbei jeden einzelnen Schritt bewusst wahr und spürt auch jeden Atemzug.

Des Weiteren soll man sich bei dieser Meditationsart auf die Umgebung konzentrieren. Man soll bewusst alles wahrnehmen, was sich am Wegesrand befindet. Experten raten dazu, Barfuß zu laufen. Dann würde sich das positive Ergebnis der Meditation erhöhen. Dann spürt man jeden Schritt stärker und kann diesen daher bewusster wahrnehmen. Des Weiteren fördert das Barfußlaufen die Verbindung zur Erde und diese Energie fließt sodann in den menschlichen Körper.

Wichtig ist es ebenfalls, sich auf keine Gedanken zu konzentrieren, zumindest nicht auf negative Gedanken in Form von Sorgen oder Problemen. Der Fokus liegt auch hier klar bei der Achtsamkeit: Die eigene Atmung und die eigenen Bewegungen spüren und die Umwelt bewusst in sich aufnehmen.

Die Gehmeditation sollte zu Beginn in den eigenen vier Wänden oder im Garten geübt werden. Sobald diese sitzt, kann sie überall ausgeführt werden – auch an hektischen, menschenüberlaufenen Orten.

Tanzmeditation

Eine spezielle Form der aktiven Meditation ist die Tanzmeditation. Hiervon gibt es wiederum mehrere Unterarten. Ich möchte Euch allgemeine Hinweise geben, wie solch eine Tanzmeditation abläuft und welchen Zweck diese verfolgt. Wie bereits angesprochen, kann insbesondere der Zweck bei diversen Unterarten variieren.

Meistens ist es so, dass die Bewegungen bei der Tanzmeditation von selbst kommen. Der Körper übernimmt sozusagen die Führung, wenn der Meditierende den entsprechenden Seelenzustand erreicht hat. Wichtig ist in jedem Fall, dass der Meditierende nicht bewusst bestimmte Bewegungen ausführt. Diese kommen von allein.

Trotz der Bewegungen wird ein Meditationszustand erreicht, der natürlich wie bei allen anderen Varianten frei von Gedanken und Sorgen ist. Hier kommt es wieder nur auf das Hier und Jetzt an. Der Meditierende spürt seinen Atem und auch seine Bewegungen. Manchmal wird die Tanzmeditation auch eingesetzt, um das eigene Körpergefühl wiederzuerlangen – beispielsweise als „Pause" im Rahmen einer langen Ruhemeditation. Andere Varianten zielen darauf ab, dass der Tänzer sich selber nicht mehr wahrnimmt und komplett mit dem Tanz verschmilzt. Übrig bleibt nur noch der Tanz. Dieser Zustand wird von vielen als der allerhöchste Zustand bezeichnet.

Oft findet man bei den Tanzmeditationen den Ruheschritt. Dieser Schritt verlangt, dass man sich nach dem Tanzen hinlegt und sich erholt. Anschließend wird weiter getanzt.

Dynamische Meditation

Diese Meditation wurde für den heutigen, gestressten Menschen erfunden. Oft wird diese Variante auch als Eilmeditation bezeichnet. Denn mit ihr wird erreicht, dass sich der Körper und die Psyche vom Stress befreien – in sehr kurzer Zeit.

Diese Meditationsart gliedert sich in fünf Phasen. Bei der ersten Phase konzentriert man sich zwar auf sein eigenes Atmen, aber nur auf das Ausatmen. Wichtig bei dieser Stufe ist es, so wild wie möglich zu atmen. Das Ziel lautet: Möglichst viel Energie in sich aufzunehmen.

Während der zweiten Phase soll der Meditierende alles, was ihn belastet, herauslassen. Hierbei darf er seine Emotionen nicht kontrollieren, sondern freien Lauf lassen. Wer schreien möchte, darf dies tun und wer weinen möchte, darf dies auch tun. Alles ist hier erlaubt, solange damit alles abgeschüttelt werden kann.

Im dritten Schritt darf sich der Körper austoben. Nun springt man auf der Stelle und verwendet dabei das Mantra Huh.

Die vierte Phase ist das plötzliche Stillhalten und zwar in der Position, in der man sich zu Beginn dieser Phase befand. Im Gegensatz zu allen anderen Meditationsarten soll man es sich nun nicht bequem machen und: keine Bewegung, auch kein Niesen, sind hierbei erlaubt. Aber: Man soll konzentriert beobachten, was mit einem geschieht.

Die fünfte Stufe ist das Feiern: Man soll sich nun freuen, dass man auf der Welt ist, soll dankbar für alles sein. Dieses Freudengefühl soll anschließend so lange wie möglich erhalten bleiben.

Chakra Atem Meditation

Eine ebenfalls sehr beliebte und bekannte Meditationstechnik ist die Chakra Atem Meditation. Allerdings handelt es sich hier um eine Technik, die sich für Fortgeschrittene eignet. Bei dieser Variante muss man bereits die eigenen Chakren (Energiezentren) kennen. Denn der Fokus liegt beim abwechselnden Atmen durch diese sieben Chakren.

Der Verlauf gestaltet sich wie folgt: Der Meditierende steht auf beiden Füßen, die auch niemals den Boden verlassen, bzw. sich nicht von der Stelle rühren dürfen. Der restliche Körper darf sich jedoch bewegen. Nun beginnt das absichtliche Atmen in den unterschiedlichen Chakren, beginnend beim untersten Chakra bis hinauf zum letzten. Dann wird vom obersten bis zum untersten Chakra geatmet. Diese Technik wird dreimal wiederholt.

Zum Abschluss setzt man sich ein paar Minuten in völliger Stille hin und sieht nach innen. Man muss sich selbst beobachten und erfühlen, was in einem vorgeht.

Yoga

Was viele nicht wissen: Yoga zählt im Grunde genommen auch zur Meditation. Nachdem es auch hier zig Unterarten gibt, möchte ich nur allgemeine Informationen geben.

Das Yoga kann entweder in fließenden Bewegungen ausgeführt werden oder mit stehenden, gehaltenen Körperstellungen. Ziel vom Yoga ist es, den Körper, den Geist und die Seele wieder miteinander zu verbinden. Besonders heute passiert es sehr oft, dass nur noch der Verstand gefragt wird, das Herz und die Psyche jedoch ausgeschaltet werden. Durch gezielte Körperhaltungen und Bewegungsabläufe wird wieder alles miteinander verbunden: Körper und Geist.

Viele Yogaübungen zielen darauf ab, die einzelnen Energiezentren zu aktivieren. Diese werden dann vom Meditierenden wieder erspürt.

Yoga wird auch gerne in einer kleinen Gemeinschaft praktiziert. Hierbei wird durch den Lehrer vorgegeben, welche Haltungen ausgeführt werden. Aber auch in den eigenen vier Wänden darf das Yoga jederzeit vollzogen werden.

Meditation mit Musik und Gesang

Ähnlich wie die Tanzmeditation funktioniert die Meditation mittels Gesang und Musik. Hierbei werden besondere Instrumente verwendet, die solche Töne erzeugen, die vom menschlichen Gehirn anders wahrgenommen werden. Gleiches gilt für den Gesang; auch hier konzentriert man sich auf besondere Tonlagen. All dies soll eine besondere Geisteshaltung hervorrufen.

Die Meditation mit Musik und Gesang wird so beschrieben, dass das Gehirn von sich aus alles loslässt und sich freiwillig an den Gesang und die Musik hält.

Sehr gerne wird diese Meditationsart in der Gruppe ausgeführt. Viele beschreiben ein ähnliches Erlebnis wie auf einem Konzert. Bei den Instrumenten wird gerne ein Klavier oder eine Gitarre verwendet.

Zusammenfassung

Ich habe Euch in diesem Kapitel einige Meditationstechniken beschrieben. Wie eingangs gesagt, handelt es sich hierbei um keine Vollständigkeit, sondern nur um eine kleine Auswahl. Es gibt viele weitere Techniken, die meist Abwandlungen der beschriebenen Techniken darstellen. Wichtig für Euch ist es, einen Überblick zu haben, um Euch zuerst zwischen der aktiven und der passiven Meditation entscheiden zu können. Anschließend könnt Ihr eine Unterart heraussuchen, die genau zu Euren Wünschen und Zielen passt. Wichtig ist es auch, dass Ihr Euch nicht zu sehr auf eine Technik versteift. Probiert ruhig mehrere Techniken aus, bis Ihr diejenige gefunden habt, die Euch zu einem glücklichen Leben verhilft. Und: Das Leben unterliegt ständigen Veränderungen. Passt in diesem Fall die Meditation daran an und bleibt flexibel: Nutzt eine andere Technik, wenn Euer Leben und Eure Wünsche dies erfordern.

Kapitel 7: In 10 Minuten Zur Inneren Mitte

Sicherlich kannst Du es kaum erwarten, jetzt endlich so richtig durchzustarten. Und genau darum geht es in diesem Kapitel. Ich werde Dir jetzt die gleiche Meditationstechnik an die Hand geben, die ich vor vielen Jahren von einem spirituellen Lehrmeister in Tibet gelernt und seitdem immer weiter perfektioniert und erweitert habe.

Im weiteren Verlauf dieses Buchs wirst Du noch weitere Techniken kennenlernen, die Du ergänzend zu dieser Übung nutzen kannst. Allerdings rate ich Dir dringend dazu, Dein Training auf der hier beschriebenen Übung zu fußen, da sie eine Art Grundübung ist, die alle Vorteile des Meditierens in sich vereint und gleichzeitig die Grundlage für weitere Übungen darstellt.

Wenn Du nur eine Sache aus diesem Buch mitnehmen solltest, lass es unbedingt diese Übung sein!

Nachdem Du Dich mit den oben genannten Tipps vorbereitet hast, nimm Dir zu Beginn 11 Minuten Deiner Zeit, in denen Dich nichts und niemand ablenkt und Du ganz für Dich allein sein kannst.

Auch, wenn Dir 11 Minuten zunächst als nicht viel erscheinen, werden diese doch langsamer vergehen, als Du Dir denkst. Um nicht abgelenkt zu werden, kannst Du Dir einen analogen Wecker oder eine Stoppuhr stellen, die Du außerhalb Deines Blickfelds im Raum positionierst, die Dich nach 11 Minuten an das Beenden der Übung erinnert.

11 Minuten deshalb, weil die eigentliche Übung 10 Minuten geht, Du jedoch erst einmal circa eine Minute benötigst, um Dich richtig einzustellen. Dich an juckenden Stellen zu kratzen, Hin-und

Herrücken und in die regelmäßige Atmung zu finden, brauchen eben ihre Zeit.

Setze Dich dann auf das oben beschriebene Meditationskissen im Schneidersitz oder Lotussitz hin und atme erst einmal tief ein und aus. Deine Hände kannst Du in dieser Zeit entweder im Schoss kreuzen oder auf Deinen Knien ruhen lassen. Dann musst Du die perfekte Position finden. Diese sollte aufrecht, aber dennoch entspannt sein.

Stelle Dir hierzu vor, wie Dein Oberkörper an einem unsichtbaren Seil, das an Deinem Scheitel befestigt ist und nach oben zieht, gerade ausgerichtet wird. Atme dann einmal tief aus und lasse Dich so ein wenig „zusammensacken". Dies klingt schwieriger, als es eigentlich ist. Das wirst Du beim ersten Mal feststellen.

Anschließend musst Du Dich noch „auspendeln". Pendle hierzu abwechselnd nach vorne und nach hinten und werde dabei immer weniger ausladend, bis Du in einer mittleren Position zum Halten kommst, in der Du komplett ausgependelt bist.

Auf diese Weise ermittelst Du schnell die optimale Position zum Meditieren. Halte Deinen Kopf dabei grade, aber dennoch entspannt.

Nun nimmst Du einen tiefen Atemzug in den Bauchraum und atmest anschließend langsam durch den Mund aus, während Du Deine Augen schließt. (Probiere abwechselnd aus, ob Du besser fährst, wenn Du Deine Augen offen oder geschlossen hältst beim Meditieren. Viele Menschen kommen besser mit der Dunkelheit vor ihren Augen zurecht, während andere es besser finden, sich auf einen bestimmten Punkt fokussieren zu können.)

Anfangs wirst Du vermutlich feststellen, dass Dir noch viele Gedanken durch den Kopf gehen, weshalb Du Dich erst einmal auf die richtige Meditation einstellen musst. Konzentriere Dich hierzu ganz auf Deinen Atem. Dieser sollte durch die Nase stattfinden und tief in den Bauchraum hineingehen. Falls es Dir schwer fällt, lege eine Hand auf Deinen Bauch und versuche bei jedem Atmen diese Hand um einige Zentimeter durch die Bauchbewegung nach vorne zu bewegen.

Sage Dir nun im Stillen bei jedem Einatmen „Ein" und bei jedem Ausatmen „Aus". Dies dient dazu, Deinen Geist beschäftigt zu halten und auf Deine Atmung zu konzentrieren, jedoch gleichzeitig trotzdem achtsam und fokussiert im gegenwärtigen Augenblick zu verweilen.

Bereits nach wenigen Minuten wirst Du feststellen, dass sich die Gedankenflut in Deinem Kopf bereits deutlich beruhigt hat. Dennoch wirst Du es vermutlich nicht vermeiden können, hin und wieder gedanklich abzuschweifen und Deinen Fokus zu verlieren. Mach Dir deshalb keine Sorgen. Dies ist nicht weiter schlimm, sondern ehrlich gesagt ganz normal.

Sobald Du ein Abschweifen feststellst, lenke Deinen Fokus ganz sanft wieder auf das „Ein" und „Aus" zurück und fahre ganz normal fort. Bewerte Deine Gedanken dabei nicht und verurteile Dich vor allem nicht dafür, dass Du gerade abgeschweift bist.

Sobald Du feststellst, dass Dein Geist schärfer wird und Du Dich immer besser auf die Übung fokussierst, ist es Zeit, zum zweiten Teil der Übung fortzuschreiten.

Wann es genau so weit ist? Das hängt ganz von Dir persönlich und Deinem Gefühl am jeweiligen Tag ab. So kannst Du bereits nach nur einer Minute oder aber auch erst nach fünf Minuten bereit für die nächste Stufe sein. Je nachdem, wie präsent Du bist. Wichtig ist lediglich, dass Du ein Gefühl der besseren Konzentration wahrnimmst. Zu Beginn ist hier ein Richtwert von 3-5 Minuten realistisch. Dies wird im Laufe der Zeit jedoch deutlich schneller gehen, da Du weniger Zeit brauchen wirst, um in den „Flow" zu gelangen.

Als Nächstes geht es nun darum, gar nicht mehr zu denken. Stelle Dir hierzu Deinen Verstand wie einen wolkenfreien blauen Himmel vor. Jeder Gedanke, der an diesem gedanklichen Horizont auftaucht, stellt eine Wolke dar, die Du ganz einfach weiterziehen lässt, ohne ihr Raum zu geben, geschweige denn, Dich mit ihr zu identifizieren. Lasse sie einfach ziehen und kümmere Dich nicht weiter darum.

Gib dem Gedanken vor allem keinen Raum, sich auszubreiten, indem Du ihm nachhängst. Führe Deinen Geist einfach wieder zurück zum blauen Himmel.

Achte während der gesamten Übung weiter auf Deine tiefe Bauchatmung.

Sobald Du in dieser Weise mit der Übung fortgefahren bist und diese beendet hast, stehe nicht unmittelbar auf. Sondern nimm Dir stattdessen noch einmal eine halbe Minute Zeit, in der Du Dich umsiehst und Dich vor allem fragst, wie Du Dich fühlst und was sich im Verhältnis zu vorher verändert hast. Fühlst Du Dich nun gelassener, ausgeglichener? Besser, schlechter? Oder gar etwas unruhig? Nimm diesen Gefühlszustand einfach nur wahr, ohne ihn zu bewerten.

Stehe anschließend auf und beende die Übung. Schon hast Du Deine erste erfolgreiche Meditation durchgeführt!

Kapitel 8: Was Ist Stress Und Was Macht Er Mit Uns?

Sie hatten einen Streit mit Ihrem Lebenspartner. Sie haben ein ungewöhnliches Abgabedatum für ein Projekt, welche Ihnen Ihr Manager gestern gegeben hat. Der Straßenverkehr stockt und Sie sind erneut zu spät bei der Arbeit. Ihr Auto gibt ein seltsames Geräusch von sich und Sie wissen, dass Sie in diesem Moment kein Geld für die Reparaturen haben. Experten für Psychologisches Wohlbefinden haben diese Art von Anlässen als Stressoren bezeichnet.

Etwas Stress ist ganz normal und sogar nützlich. Es kann helfen, wenn Sie hart arbeiten oder schnell reagieren müssen. Zum Beispiel kann es Ihnen ermöglichen, eine Rugby-Ablenkung zu gewinnen oder ein Geschäft rechtzeitig abzuschließen. Es ist die Methode Ihres Körpers Planung zu verbessern, was zwar den Eindruck erweckt, lästig zu sein, jedoch für erweiterte Qualität, Ausdauer und Präzision sorgt.

Stress verursacht die Ausschüttung der Hormone Cortisol, Epinephrin und Noradrenalin aus den Nebennieren in das Kreislaufsystem. Diese Hormone erhöhen Ihre Herzfrequenz, Ihren Atem, Ihre Kreislaufbelastung und Ihre Verdauung. Ihre Venen öffnen sich weiter, um mehr Blut zu den Muskelansammlungen zu strömen, beispielsweise wie Ihre Beine und Ihren Rücken. Achten Sie auf Ihre Muskeln. Ihre Pupillen vergrößern, um Ihre Sicht zu verbessern. Ihre Leber schüttet einen Teil ihrer Glukose aus, um die Vitalität Ihres Körpers aufzubauen. Ihr Körper produziert Schweiß, um Ihren Körper zu kühlen. Diese physischen Veränderungen versetzen Sie in die Lage, schnell und adäquat auf eine offensichtliche Gefahr zu reagieren.

Diese Reaktion ist als Stressreaktion bekannt, die ebenfalls Kampf- oder Fluchtreaktion genannt wird. In einem geringen Maße, verbessert die Stressreaktion des Körpers Ihre

Belastbarkeit. Leider kann die Stressreaktion ebenfalls Probleme verursachen, wenn zu viele Hormone ausgeschüttet werden oder Sie zu lange Stress ausgesetzt sind.

Guter und schlechter Stress
Es gibt zwei Arten von Stress. Das Prinzip besteht darin, dass intensiver Stress die Flucht- oder Kampfreaktion hervorruft, bei der der Geist synthetische Verbindungen produziert, die den Körper auffordern, ihn zu beschleunigen und ihn so zu beeinflussen, dass er besser funktioniert. Das ist die Art von Stress, der Ihnen begegnen wird, wenn ein anderes Auto vor Ihnen fährt und plötzlich auf die Bremse tritt. Dies wird auch Distress genannt. Es wird am häufigsten auf Stress bezogen und beeinflußt uns, indem es unsere Kreislaufbelastung erhöht, indem es eine breite Palette synthetischer Mixturen durch unser Gehirn und unseren Körper schickt, und wenn dieser Zustand für längere Zeitabschnitte bleibt, kann es

Unbehagen oder sogar Entmutigung hervorrufen.

Eustress ist eine positive Art von intensivem Stress. Dies ist der Stress, den Sie während Ihres Lebens durch positive Ereignisse erleben, eine Beförderung bei der Arbeit bekommen, Aufgaben erledigen oder ein neues Haus kaufen. Diese Anlässe sind verlockend, wie auch immer, ähnlich wie Stress, kann Eustress ähnlich belastend auf den Körper sein, und in Verbindung mit verschiedenen Stressoren kann auch Eustress negative Auswirkungen auf unsere Gesundheit haben.

Die zweite Art von Stress ist als Dauer- oder Fernstress bekannt. Dieser Stress ist unregelmäßig und langanhaltend.

Das passiert, wenn Sie nicht auf Stress verzichten. Es gibt einen klaren Beweis, dass diese Art von Stress wirklich den Geist und das Herz schädigt. Unendlicher Stress verursacht eine stetige Ankunft von Stresshormonen, wodurch Ihr Körper stets überarbeitet ist, bereit, gegen den Säbelzahntiger zu kämpfen oder vor Ihrem

Angreifer zu fliehen. Studien haben gezeigt, dass diese Stresshormone Nervenzellen in Lebewesen wirklich zerstören können, dementsprechend auch bei Menschen.

Was sorgt dafür, dass eine Person gestresst ist?

Wenn es direkt darauf ankommt, kann Stress durch unsere Arbeitsweise oder sogar durch Entspannung ausgelöst werden. Wir brauchen keine größere aktivierende Gelegenheit, um uns "gestresst" zu fühlen, wir können sogar gestresst sein, wenn wir erschöpft sind!

Trotz der Tatsache, dass Stress in der richtigen Minute etwas sein kann, für das es sich zu danken lohnt, Stressbelastungen oder Stress, die uns strapazieren machen lassen, sind es nicht. Wenn Sie zum Beispiel etwas Stress über eine Aufgabe verspüren, die Sie beenden müssen, können Sie sich dazu überreden, hart zu arbeiten. Wenn Sie über das Unternehmen oder wegen des Abgabedatums gestresst sind, kann Sie das abstumpfen, was es schwierig macht, einen Sinn für das zu entwickeln, was beendet werden sollte. An dem Punkt, an dem das Gewicht übermäßig extrem ist oder wenn es zu lange dauert, können Sie sich durch Stress überanstrengt fühlen. Wenn Sie versuchen, über die Gesamtheit Ihrer Unannehmlichkeiten Stillschweigen zu bewahren, können Sie Stress-Überlastung spüren.

Dinge, die uns stressen, können von unseren Beziehungen, Familienzusammenstößen, Trennungen, dem Tod eines Freundes oder Familienmitgliedes, Problemen mit Mitarbeitern oder von der Arbeit, dem Versuch, übermäßig zu arbeiten, und der Nicht-Bereitstellung von Zeit ausgehen. Diese können uns gestresst machen und dauerhaft belasten.

Dinge wie katastrophale Ereignisse, Autokollisionen, Feuer, Schießereien, Kriege und so weiter können zu einem sogenannten horrenden Stress führen. Personen, die diese Art von stressigen Umständen regelmäßig erleben, erfordern kompetente Hilfe, die Hypnosetherapie und NLP beinhaltet.

Ein paar Leute sind nervös und strotzen vor Stress. Bei diesen Menschen bleiben selbst kleine Herausforderungen wie Krisensituationen bestehen. Wenn sich jemand so oft wie möglich verspannt, gestresst oder überarbeitet fühlt, könnte dies ein Zeichen für Unbehagen sein. Diese Art von Nervosität erfordert größtenteils eine kompetente Berücksichtigung. Wieder einmal wurde gezeigt, NLP für diese Art von Nervositätsproblemen hilfreich ist.

Zeichen, dass eine Person durch Stress überlastet ist

Ein Mensch, der Stress überlastet hat, kann körperliche Beschwerden hervorrufen, zum Beispiel Magenirritation, Hirnschmerzen, Rücken- und Nackenschmerzen oder ab und zu eine Brustverengung. Viele Menschen denken, dass es schwierig ist, sich vom Stress auszuruhen. Andere stoßen auf das Gefühl von Elend oder Niedergeschlagenheit. Ein paar Leute stoßen auf Anspannung oder Angstgefühle. Ein Mensch, der auf Alarmangriffe stößt, kann Indikationen ertragen, die Herzklopfen, Hyperventilation oder Atemprobleme beinhalten, aber auch Thoraxqualen, Übelkeit oder Benommenheit, Hirnschmerzen, Zittern und noch viel mehr.

Verschiedene Manifestationen von Stress-Überlast können sich, erdrückend und lästig anfühlen. Ein paar Leute reagieren mürrisch oder tückisch.

Da Stress das Immunsystem beeinflussen kann, kommt es bei einigen Menschen zu stärkeren Reaktionen, beispielsweise zu Hautentzündungen oder Asthma. Stress kann Menschen auch gegen Erkältungen und saisonale Grippe wehrloser machen.

Einige Menschen bewältigen die Symptome von Stress durch übermäßiges Trinken, Rauchen, Genuss oder Einnahme von Medikamenten. Trotz der Tatsache, dass diese die Nebenwirkungen kurzzeitig ausmerzen können, übersteigen die negativen Auswirkungen dieser Praktiken die Vorteile weit.

Überwachen Sie Ihren Stresslevel

Da Stress unvermeidlich ist, ist es unerlässlich, Ansätze zu finden, um stressige Reaktionen auf kurze Episoden in unserem Leben zu reduzieren und zu vermeiden. Es gibt zahlreiche Strategien, von NLP und faszinierenden Methoden bis hin zu angemessener Atmung, Meditation, Tai Chi, Massagen, Klangbehandlung, die es Ihnen ermöglichen, die Auswirkungen von Stress auszugleichen.

Kapitel 9: In Der Ruhe Liegt Die Kraft, Auch Beim Schwimmen Lernen

Auch ohne Ekstase, um auf dieses Thema noch einmal zurückzukommen, können Sie beim Meditieren ihre inneren Energieströme an bestimmte Punkte Ihres Körpers lenken und so durch Ihren ganzen Körper wandern. Wenn Sie das tun möchten, werden Sie es lernen müssen, und Sie werden dazu eine Weile brauchen. Schnell geht beim Meditieren nichts. Aber Sie werden es lernen, wenn Sie am Ball bleiben. Wenn Sie sich gezielt darauf konzentrieren, werden Sie in dem Körperteil, mit dem Sie sich gerade beschäftigen, nach und nach eine leichte Wärme-Zunahme empfinden. Auch dies ist Zeichen eines beginnenden Heilungsprozesses, hervorgerufen unter anderem durch zunehmend bessere Sauerstoff-Versorgung, nur dass Sie sich Oshos Verrenkungen ersparen und Ihr Ziel statt dessen mit Gelassenheit und Ruhe ansteuern. Umgekehrt werden Ihre innere Ruhe und Gelassenheit zunehmen, je länger Sie meditieren. Es sind keine Ausbrüche von Euphorie, die Ihnen auf der Matte zuteil werden; Es ist ein sanftes, zutiefst befriedigendes, von Gefühlswallungen weit entferntes Glücksgefühl. Sie werden von einer Welle im Meer getragen, dessen Teil Sie jetzt sind. Sie haben soeben schwimmen gelernt, und selbst wenn die See einmal hoch geht, so werden Sie doch automatisch immer oben auf dem Wellenkamm bleiben anstatt unterzugehen.

Nur so nebenbei: Auf Ihrem Weg werden Sie immer wieder Rückschläge hinnehmen müssen. Kleinen Kindern kann man angeblich das Schwimmen beibringen, indem man sie ins Wasser wirft. Mag sein. Es gibt menschenfreundlichere Methoden in Form von geduldigem Schwimm-Unterricht. Es ist nur so, dass es häufig einfach nicht funktioniert mit dem Meditieren. Sie werden abgelenkt, sei es von äußeren Einflüssen (au weh, doch noch das Handy angelassen!), sei es von Ihren Gedanken, die Sie einfach nicht loslassen wollen. Manche Sitzung endet abrupt, oft ganz ohne erkennbaren Grund, nach kürzester Zeit. Das ist nicht schlimm. Am Anfang schaffen Sie ohnehin nur wenige Minuten. Wenn es also nicht geht: lieber für diesmal aufhören. Beim nächsten Mal geht's ziemlich sicher besser. Versuchen Sie nichts zu erzwingen. Sie tun sich damit nichts Gutes. Gute zum Ziel führende Meditation lässt sich - anfangs mühsam - erlernen. Erzwingen lässt sie sich nicht.

Verzicht ist das Größte - aber nicht alles

Fasten und Verzicht (besonders auf Alkohol, aber sogar auf Kommunikation - der Bergsteiger Reinhold Messner in einem Interview: "Verzicht ist das Größte!") stehen dem Genuss gegenüber. Was geht, und was geht nicht? Müssen Meditation, Selbstbewusstsein, Selbstliebe und Selbstheilung unbedingt Kasteiung bedeuten? Selbstverständlich nicht. Selbstliebe darf sich gerne mit mäßigem Genuss paaren, wenn sie auf sinnlose Völlerei verzichtet. Selbst ein Gläschen Wein oder einige Stückchen Schokolade sind keine Sünde und auch nicht automatisch schädlich. Allerdings: Mit Zucker tun Sie sich prinzipiell nichts Gutes! Zucker, jedenfalls sogenannter raffinierter kristalliner Zucker, ist, von geringen Mengen abgesehen, einer der bedeutendsten Auslöser von Krankheiten aller Art, die mit Essen zu tun haben (und mit Trinken. Es gibt ein sicher jedem Menschen bekanntes Getränk, das, derart zuckerhaltig wie es ist, sich buchstäblich als 'humaner Killer' erwiesen hat, was Millionen Menschen keineswegs davon abhält, das Zeug literweise zu konsumieren). Wenn schon, dann benutzen Sie wenigstens unraffinierten braunen Zucker. Der schmeckt, nebenbei bemerkt, auch viel besser. Im Judentum war es von jeher und ist es bis heute nicht nur üblich, sondern bei bestimmten

Anlässen sogar vorgeschrieben, etwas Alkohol zu trinken und einmal im Jahr sogar, sich ordentlich einen anzudödeln, natürlich nicht die Kinder. Auch viele Buddhisten sind einem gelegentlichen mäßigen Genuss von Alkohol durchaus nicht abgeneigt, und, mit Verlaub, auch Christen pflegen beim Abendmahl bewusst einen Schluck (!) Rotwein zu trinken, wenngleich der heute hier und da durch Traubensaft oder ähnliches ersetzt wird. Dass andere Religionen ganz auf Alkohol verzichten, dürfte eher rituelle Gründe haben als solche, die mit Meditation, Spiritualität, Selbstheilung oder ähnlichen Dingen zu tun haben. Und sage keiner, Christentum oder Judentum besäßen trotz gelegentlichen Alkoholkonsums nicht ihre jeweils eigene Mystik, was, wie bereits weiter oben bemerkt, auch für den Islam gilt. Älteren Menschen empfehlen Ärzte häufig durchaus ein Gläschen am Tag, am besten Rotwein. Selbst das eine oder andere Likörchen darf durchaus sein, körperliche Gesundheit und Robustheit natürlich immer vorausgesetzt.

Dennoch sollte das mit dem Alkohol entschieden die Ausnahme sein. Viel davon ist auf keinen Fall gut, das ist hinreichend bekannt. Alkohol in mehr als geringen Mengen, ebenso wie Zucker, ist eine der wichtigsten Quellen schlimmster Krankheiten unserer Zivilisation. Weil wir die Pflicht zum gelegentlichen Alkoholtrinken im Judentum erwähnt haben: Gerade dort ist von jeher die Zahl der Alkoholiker deutlich geringer als in europäischen Ländern, wenngleich schon im Alten Testament immer wieder einmal Säufer und Saufgelage erwähnt werden. Das scheinen aber eher Ausnahmen gewesen zu sein, die umso heftiger angeprangert wurden. Priestern beim Tempeldienst, auf der anderen Seite, und Nazaräern, das sind Menschen, die sich für eine gewisse Zeit ganz Gott gewidmet haben, war Alkoholgenuss bei Androhung harter Strafen grundsätzlich ganz verboten. Wein wurde übrigens im antiken Judentum fast ausnahmslos mit ungefähr zwei Drittel Wasser verdünnt getrunken.

Alkohol, Rauchen und Meditation - das geht gar nicht

In zeitlicher Nähe zu einer Meditationssitzung hat Alkohol absolut nichts zu suchen. Sie sollten auch etwa eine Stunde vor einer Sitzung nichts essen, um nicht mit vollem Bauch auf die Matte zu gehen. Dann ist Ihre Bauchdecke nicht in der Lage, im nötigen Maß zu schwingen, also ein- und aus zu atmen. Benutzen Sie im Übrigen vor einer Sitzung nach Möglichkeit noch einmal die Toilette.
Was gar nicht zusammen geht, ist Meditation und Rauchen. Falls Sie aber nun einmal gewohnheitsmäßiger Raucher oder gar ein hartgesottener Suchtbolzen sind, so können und wollen wir Ihnen das Meditieren natürlich trotzdem nicht verbieten. Tun Sie sich aber selbst diesen einen Gefallen: Lassen Sie die Raucherei mindestens eine Stunde vor und nach einer Sitzung! Das schaffen Sie bestimmt. Beim Meditieren werden Sie nach einiger Zeit eine interessante Erfahrung machen:

dass Ihr Körper immer weniger Bedarf hat für Suchtmittel wie Nikotin. Es sollen, wie gelegentlich berichtet wird, schon viele Raucher auf der Matte zum Nichtraucher geworden sein. Nehmen Sie dies ruhig als einen Hinweis auf die Heilungskräfte von Meditation. Das wissen längst auch viele, wenn nicht alle, die beruflich in der Suchtprävention tätig sind.

Zeitweise wenig oder gar nichts essen ist auf jeden Fall, ob Sie nun meditieren oder nicht, ein gutes Mittel, um den Körper zu entschlacken, und auch dies, der Verzicht auf Essen und Getränke mindestens den Tag über, wenn nicht über längere Zeit, tut nicht nur dem Körper, sondern auch der Seele gut, denn Ihre Psyche schließt sich Ihrem Körper an und entschlackt beim Fasten ebenfalls. Was für eine Art Fasten Sie betreiben wollen, bleibt Ihnen überlassen, ebenso wie die Entscheidung, auf welche Art Sie meditieren möchten. Die Zahl der Fastenkuren, die auf dem Markt angeboten werden, ist mindestens so groß wie die Zahl der bekannten (etwa 130) Meditationsmethoden. Sie alle haben letztlich den selben Zweck: eine Pause einzulegen, Körper und Seele von Schadstoffen materieller ebenso wie immaterieller Art zu befreien. Wer es tut, egal wie, macht schnell die Erfahrung, dass die Wirkung eine positive ist, und dass sie trotz Entzug von Nahrung den Körper sogar stärkt und den Geist klärt.

Noch mehr zum Thema Ernährung und Meditation: Machen Sie essen (und trinken) zu Meditation, zu einem meditativen, im allerbesten Fall sogar mystischen Erlebnis. Den selben Effekt können Sie auch mit Sport erreichen, wobei von übertrieben körperlich anstrengender sportlicher Tätigkeit eher abzuraten ist. Radfahren dagegen (nicht das, was die uns so leidvoll bekannten 'Kampfradler' praktizieren), Schwimmen oder Wandern kann wundervolle meditative Erlebnisse zeitigen. Die körperliche Anstrengung sollte allerdings klar im Hintergrund stehen. Stattdessen sollten Sie dabei Ihr Hauptaugenmerk auf die Achtsamkeit, auf das bewusste Wahrnehmen Ihrer Umgebung lenken. Es reicht schon ein Spaziergang von nur fünfzehn Minuten. Wie es in einer Werbung in den sechziger Jahren des letzten Jahrhunderts einmal hieß, mit einem damals bekannten Schauspieler, der fernseh-werbewirksam ein Glas Milch trank: "Ein Viertelliter..." in diesem Fall ein Viertelstündchen ... "genügt - meistens."

Ernährung und Meditation können psychische Erkrankungen heilen

Was nicht so ohne weiteres zu erkennen ist, ist der enge Zusammenhang nicht nur zwischen Ernährung und Körper, sondern auch zwischen Ernährung und Psyche, und damit die Tatsache, dass richtige Ernährung sich nicht nur auf den Körper, sondern auch auf den Geist auswirkt. Auch wenn es beim ersten Hinsehen ziemlich hoch gegriffen wirken mag: Richtige Ernährung, gerade im Zusammenhang mit Meditation, ist in der Lage, auch psychischen Erkrankungen vorzubeugen, manche zu lindern, und manche sogar zu heilen. Das ist keine aus dem luftleeren Raum gegriffene Behauptung, sondern gesicherte wissenschaftliche Erkenntnis. Wir gehen an einer anderen Stelle noch einmal auf diesen Aspekt ein. Wer sich für diese Dinge näher interessiert, der kann sich in der populärwissenschaftlichen und zumal der speziellen medizinischen Literatur umtun und sich kundig machen. Die Ursache dafür, dass sich Meditation und Ernährung gleichermaßen auf die Psyche auswirken, ist an sich ganz einfach zu verstehen. Beide setzen auf je unterschiedliche Weise (Botenstoffe im Gehirn; mit dem Essen zu sich genommene Vitamine, Mineralien, Spurenelemente und so weiter) verschiedenste Mechanismen in Gang, die die Befindlichkeit und das Zusammenspiel unterschiedlicher Gehirnregionen beeinflussen und so letztlich das, was wir Gesundheit nennen. Es ist jedenfalls so, dass es hier wie zwischen Selbstbewusstsein, Selbstliebe und Selbstheilung eine enge Korrelation, eine enge Wechselwirkung gibt. Wer sich selbst liebt, ernährt sich entsprechend, und so bilden Selbstbewusstsein, Selbstliebe, Ernährung und Meditation einen unaufhebbaren, beinahe schon musikalisch zu nennenden Akkord, der in einer erkennbaren Harmonie in Form von Selbstheilung ausklingt.

Vielfältige Nahrung ist die beste Ernährung

Untersuchungen über Meditation und Ernährung haben gezeigt, dass beide in enger Verbindung miteinander wichtige gesundheitsfördernde Wirkungen erzielen. Meditation senkt den Blutdruck, verhindert Herz-Kreislauf-Erkrankungen und viele andere mehr. Viele Diäten könnten sich die meisten Menschen komplett sparen, einfach, indem sie sich so vielfältig wie möglich ernähren. In Zusammenhang mit Diabetes gibt es dies betreffend erstaunliche Erkenntnisse. Sich Insulin spritzen oder bestimmte Medikamente einnehmen zu müssen, lässt sich gegebenenfalls nicht vermeiden.

Gezeigt hat sich aber, dass sich speziell bei Diabetes Typ 2 die Notwendigkeit und das Ausmaß medikamentöser Behandlung reduzieren lassen, oft sogar drastisch, wenn einfach nur auf bestimmte Nahrungsmittel, vor allem sogenannte Genussmittel, verzichtet wird und der Patient stattdessen zu gesunden Nahrungsmitteln wie naturbelassenem Obst und Gemüse greift. Ohne dies total verallgemeinern zu wollen, ist es insgesamt klar erkennbar so, dass eine möglichst vielfältige Ernährung das beste Mittel ist, sich gesund zu erhalten - das, und eine ausreichende Versorgung mit Sauerstoff, wie sie mit der Meditation erreicht werden kann, ohne irgendwelche obskuren Mittel zu Hilfe nehmen zu müssen. Eine möglichst vielfältige Ernährung versorgt den Körper, von Ausnahmen abgesehen, mit allem, was er braucht, von Vitaminen über Mineralien, Spurenelementen, Ballaststoffen, Kohlenhydraten und so weiter bis hin zu Antioxidantien. Was für eine wichtige Rolle dabei simpelsten Kräutern zukommt, lässt sich am Beispiel der Verbene, um eines von Zig-Tausenden herauszugreifen, zeigen. Dieses Kraut, genauer: die Zitronen-Verbene im Gegensatz zum ihr verwandten Eisenkraut, wirkt appetitanregend und verdauungsfördernd, hilft gegen Verdauungsbeschwerden und Verstopfungen, und hilft obendrein bei Nervosität, Schlaflosigkeit und Erkältungen aller Art. In Säckchen im Kleiderschrank verbreiten ihre Blätter einen frischen Duft im Haus, und insgesamt wird die Verbene fast weltweit als Spender eines wundervollen Tees geschätzt. Ein Tässchen Verbenen-Tee ist ein sehr empfehlenswertes Vorspiel zu einer gelungenen Meditations-Sitzung.

Da gehen die Ansichten tierisch weit auseinander

Umstritten ist bis heute, wie schädlich oder nützlich tierisches Eiweiß für die Ernährung ist. Befürworter einer sogenannten basischen Ernährung machen tierisches Eiweiß für eine Übersäuerung des Körpers, auch Acidose genannt, verantwortlich, die gegebenenfalls nicht einfach nur gesundheitsschädlich, sondern unter Umständen sogar tödlich sein kann. Konkret werden Fleisch, Käse und Milch genannt, aber auch Kaffee und Zucker, kohlensäurehaltiges Mineralwasser und sogar manche Getreideprodukte. Als einigermaßen verbindlich kann wahrscheinlich angesehen werden, dass ein maßvoller Konsum von tierischem Eiweiß, sei es aus Fleisch oder tierischen Produkten wie Käse oder Eiern nicht schädlich, sondern entgegen der Auffassung mancher Ernährungsapostel sogar empfehlenswert, dass pflanzliches Eiweiß allerdings mengenmäßig deutlich zu bevorzugen ist. Die Betonung auf 'maßvoll' ist dabei zu beachten. Auch wenn vegetarische oder gar vegane Ernährung zur Zeit hoch in Mode sind und in gewissen Grenzen sicher ihre Berechtigung haben: Chrom beispielsweise, das speziell für Diabetes Typ 2 von Bedeutung ist, findet sich in nennenswerter und relevanter Konzentration zum Beispiel in Leber und Eiern. Es ist auch in Pilzen, Kopfsalat und Tomaten enthalten. Ob die pflanzlich verfügbaren Mengen die der fleischbasierten Produkte aufwiegen können, wäre zu hinterfragen. Sie müssten sicher ziemlich viel Kopfsalat essen... Ob Krankheiten wie Zöliakie, Laktose-Intoleranz, Gluten- oder anderen Allergien mit Meditation beizukommen ist, scheint bisher nicht untersucht zu sein, wäre aber weiter gehende Forschung wert. Sie erfordern selbstverständlich zunächst das Eingreifen des Arztes. Es wäre reine Scharlatanerie, etwas anderes zu behaupten. Möglicherweise könnte Meditation aber auch bei solchen Krankheiten helfend wirken. Was die Ernährung insgesamt angeht: In der Regel macht es das gesunde Mittelmaß, eine möglichst bunte Mischung. Dass ein Komplettverzicht auf bestimmte Lebensmittel, wie ihn manche Menschen fordern, Sie glücklicher und gesünder machen kann, erscheint in Wirklichkeit eher zweifelhaft. Ausnahmen, wie geschildert, bestätigen die Regel. Neurodermitis-Geplagte sollten, so wird immer wieder gefordert, auf Zucker- und Milchprodukte verzichten. Ein Zusammenhang mit Meditation ist bisher anscheinend noch nicht näher erforscht worden. Schaden könnte Meditation einem Neurodermitis-Patienten jedenfalls nicht. Meditation schadet nie. Wer sich aus nachvollziehbaren (auch) ideologischen Gründen wenigstens vegetarisch ernähren will, der muss sich Strategien überlegen, wie er bestimmte vorprogrammierte Ausfälle ersetzen will oder kann. Auch über den Sinn oder Unsinn des Einsatzes von Nahrungsergänzungsmitteln ließe sich an dieser Stelle trefflich streiten. Unbestritten ist, dass die mediterrane Küche mit ihrem relativ weit reichenden Verzicht auf tierische Fette und ihren Ersatz vor allem durch Olivenöl der Gesundheit förderlich ist. Der Gesundheitszustand aller Völker in den Mittelmeer-Anrainerländern macht es evident.

Jetzt mach mal keinen Stress hier!

Was ist eigentlich der Hauptausgangspunkt der heilsamen Wirkung von Meditation? Wie erwähnt, ist Meditation vor allem anderen ein Mental-Training. Das Sitzen und Atmen bewirkt, dass der Meditierende ruhig wird. Damit geht das einher, was die wichtigste Voraussetzung für alles Folgende ist. Erinnern Sie sich an den zweiten Absatz ganz oben: "Und überhaupt mache ich alles falsch"? Was haben Sie, wenn Sie von solchen Gefühlen getrieben werden? Ganz klar: Sie haben Stress. Mediziner und Psychologen wissen schon lange, dass Meditation 'das' Mittel zum Stress-Abbau ist. Ein wenig Stress ist immer gut, weil er Sie zu höherer Leistung antreibt. Das darf aber immer nur vorübergehend der Fall sein. Dieses ein bisschen Stress geht heute leider schnell und vor allem zu dauerhaft in ein bisschen zu viel Stress über, und genau das ist es, von Alkohol, Rauchen, falschem Essen und anderen Faktoren ganz abgesehen - wobei die fast immer miteinander einher gehen! -, was so viele unserer Erkrankungen verursacht, bis hin zu dem berühmten Burnout-Syndrom. Stress ist gleichzeitig der eine Felsbrocken, der Ihnen den Weg zu und die Sicht auf sich selbst versperrt. Das Zu-Sich-Kommen bei der Meditation ist kurz zusammengefasst im Wesentlichen Stress-Abbau. Meditation bewirkt ein Zu-sich-selbst-Kommen, und das ist schon mindestens die halbe Miete.

Meister, zeigst du mir den Weg zum Glück?

Diese Geschichte ist zwar bekannt und seit ihrem Entstehen hundertfach überliefert, aber im hier behandelten Zusammenhang ist sie es wert, ein weiteres Mal erzählt zu werden: Ein Zen-Novize fragt seinen Meister: "Meister, zeigst du mir den Weg zum Glück?" Der Meister sieht ihn an und fragt zurück: "Hast du heute schon deine Reisschüssel saubergemacht?" Der Schüler ist entrüstet, zieht sich in die Küche zurück und beginnt, seine Schüssel auszuspülen. Auf einmal weiß er es und lacht lauthals auf. Interessant ist diese Geschichte unter anderem deshalb, weil sie den Begriff 'Glück' ins Spiel bringt. Es heißt von früher her, dass Schokolade glücklich mache, weil sie Stoffe enthalte, die im Gehirn die Ausschüttung von Serotonin, einem sogenannten Glückshormon, auslöse. Schöner Traum! Wissenschaftler haben vor kurzem das Ergebnis einer Studie zu diesem Thema veröffentlicht. Bei einigen der Teilnehmer blockierten sie deren Serotonin-Rezeptoren, aber die Probanden bekundeten hinterher trotzdem unbeirrt, nach dem Genuss von Schokolade total glücklich gewesen zu sein. Der Wissenschaftler, der das vor kurzem in einem Radiosender berichtete, konnte sich ein Lachen nicht verkneifen, beinahe so wie jener Mönch mit seiner Reisschüssel.

Ebenso wie dieses Gerücht mit der Schokolade inzwischen als widerlegt gilt, ebenso gilt andererseits als bewiesen, dass Meditation Glücksgefühle auslöst. Von der Matte stehen Sie nach etlichen Übungen gelassen und zufrieden auf, zufrieden mit sich selbst und glücklich über Ihr Dasein in der Welt. Auf Schokolade können Sie getrost verzichten. Das Glück und das Gute gehören, um auch das zu erwähnen, untrennbar zusammen. Wer glücklich ist, will und tut nichts Böses (mehr). Meditation verhilft zum Glücklichsein. "Wer Böses tut, leidet selbst darunter", hat Eugen Drewermann einmal gesagt. Meditation hilft, auch wenn sich das hochgestochen anhören mag, aus dem Kreislauf des Bösen heraus und führt tatsächlich zu mehr Empathie, zu Nächstenliebe im besten Sinn. Denn was ist Nächstenliebe? Wenn man einem anderen, den man vielleicht gar nicht wirklich mag, oder dessen Ansichten man nicht teilt, nichts Böses antun will. Nächstenliebe ist damit annähernd deckungsgleich mit Toleranz. Toleranz bedeutet nicht, dem anderen um den Hals zu fallen und ihm wider besseres Wissen zu versichern: "Ich habe dich ganz, ganz lieb." Toleranz ist, wenn man einen anderen akzeptieren kann, wie er ist, auch dann, wenn man seine Auffassungen nicht unbedingt teilt. Einen anderen zu akzeptieren, wie er nun einmal ist - genauso, wie Sie inzwischen vielleicht gelernt haben, sich selbst so zu akzeptieren, wie Sie sind. Das eine geht automatisch mit dem anderen einher.

Selbstbewusstsein: warum überhaupt?

Genügt es nicht, wenn es mir gut geht?

Selbstbewusstsein: warum überhaupt? Und warum muss ich unbedingt andere lieben? Wenn ich meine Selbstheilung suche, was soll mir dann die Beschäftigung mit anderen? Der babylonische Talmud (im Judentum die wichtigste Säule neben der Bibel, in diesem Fall natürlich des sogenannten 'Alten Testaments') enthält dazu einige interessante Erläuterungen. Was hat übrigens Jesus mit der Aufforderung gemeint: "Liebe deinen Nächsten wie dich selbst"? Ich könnte doch genauso gut bei meiner Selbstliebe bleiben und es einfach nur mir gutgehen lassen. Dann tue ich anderen doch noch lange nichts Böses an!

Das könnten Sie zwar annehmen, aber bei näherem Hinsehen werden Sie feststellen, dass es nicht stimmt. Schon Selbstliebe kann nur aus einem gesunden Selbstbewusstsein entstehen, und wenn Sie das erlangt haben, sind Sie auch schon auf einem Weg, der Sie unweigerlich in Kontakt mit anderen Menschen führt. Beinharte Einzelgänger, ob aus eigenem Willen oder aus Veranlagung, können nicht glücklich sein. Solche Menschen neigen denn auch dazu, sich krank zu fühlen, und nicht zu Unrecht, wie wir inzwischen wissen. Wenn Sie sich nicht selbst lieben, sondern in Ihrer Selbst-Verliebtheit beharren, die nun wirklich an puren Egoismus oder Egozentrismus nicht nur grenzt, und die etwas ganz anderes ist als gesunde Selbstliebe, dann werden Sie nie zu einem gesunden Selbstbewusstsein finden. Wenn Sie das eine probieren und dabei versuchen, das andere auszuschließen, unterbrechen Sie automatisch die Wechselwirkung von

Selbstbewusstsein, Selbstliebe und Selbstheilung und werden nie damit Erfolg haben, Ihren Heilungsprozess in Gang zu setzen. Sie werden stets das griesgrämige alte Mufflon bleiben, dass Sie wahrscheinlich sind. Ihr körperliches Wohl- oder eher Unwohlbehagen sollte Ihnen eigentlich zeigen, dass Sie auf dem falschen Weg sind. Wenn nein, dann sind Sie vom Buddhatum weit, weit entfernt. Dann sind Sie noch nicht erwacht, und wer weiß, ob Sie jemals aufwachen werden. Wenn es Ihnen allerdings genügt, sich in Ihrer Unzufriedenheit zu suhlen und über Ihre Wehwehchen und Gebrechen zu jammern - nun, denn: es ist Ihre eigene Entscheidung!

Womit sich der Mensch am liebsten beschäftigt

Der Mensch beschäftigt sich von jeher am liebsten mit sich selbst, auch wenn er ein soziales Wesen sein mag, das nicht ohne ein antwortendes Gegenüber auskommt, ohne ein 'Du'. Von Grund auf ist der Mensch an sich Einzelgänger (eine Behauptung, die vermutlich einigen Widerspruch auslösen wird). Seine Zuneigung zu anderen und seine Herdenbildung sind keine persönlichen Vorlieben, sondern reine Notwendigkeit. Alleine käme kein Elefant, keine Giraffe, kein Schimpanse und erst recht kein Mensch zurecht. Die Gruppe als Struktur war und ist nach Auffassung der Sozialpsychologie maßgeblich für das Überleben der Menschheit verantwortlich. Es ist sogar bewiesen worden, dass ein Mensch, der über viele Jahre hinweg allein gelassen worden ist, irgendwann stirbt, obwohl es dafür gar keinen äußeren Anlass gibt. Es gibt unglaublich viele Menschen, die auf der Straße vor sich herbrabbeln, offenkundig mit sich selbst sprechen, weil niemand anderer da ist, der mit ihnen reden würde! Auch Robinson wäre mit der Zeit irrsinnig geworden und krepiert, wenn er nicht einen anderen, seinen Freitag, gefunden hätte.

Mit anderen zusammenzukommen und mit ihnen auszukommen, erfordert aber Dialog, Kommunikation. Daher, aus der Notwendigkeit, Antwort von einem anderen Subjekt zu bekommen, selbst von einem, das im Betreffenden Augenblick gar nicht da oder jedenfalls nicht zu sehen ist, so nehmen viele Philosophen, Theologen und Psychologen an, kommt möglicherweise die Entstehung der Religionen, die dem Menschen ein wenn auch numinoses, ein neblig verhangenes Gegenüber anbieten, wobei interessanterweise die noch relativ junge Bahai-Religion davon ausgeht, dass keine Religion die alleingültige Wahrheit besitzt, sondern aus einem je nach der Zeit ihrer Entstehung vorhandenen und entwickelten spirituell-geistigen Repertoire schöpft, weshalb die Bahai von jeher eine Verständigung der Religionen anstreben und davon ausgehen, dass 'der' Messias oder 'der' Christus nie gekommen ist und womöglich auch nie kommen wird, sondern dass sich in mehr oder weniger regelmäßigen Abständen (die Rede ist dann meistens von tausend, vielleicht symbolisch gemeinten, Jahren) immer wieder ein anderer Vertreter des die Welt bestimmenden göttlichen Wesens offenbaren und neue Aspekte der Göttlichkeit in der Schöpfung erfahrbar machen wird.

Was nun diese Beschäftigung des Menschen mit sich selbst angeht, so lohnt es sich, einen Blick darauf zu werfen, wie viele Worte und Begriffe es in Zusammensetzung mit dem Wortbestandteil 'selbst' gibt. Da sind neben den hier bevorzugt behandelten drei Begriffen Selbstbewusstsein, Selbstliebe und Selbstheilung auch Selbstvertrauen, Selbstwertgefühl, Selbsterkenntnis, Selbstachtung, Selbstzufriedenheit, Selbstbeherrschung, aber auch Selbstzweifel oder Selbstbefriedigung und noch ganz viele andere. Es ist, um mit Theodor Fontane (Effi Briest) zu sprechen, ein weites Feld, mit schier unendlichen Aspekten. Was sich in dieser Ansammlung von Begriffen ausdrückt, ist allerdings nicht

Selbstbewusstsein, sondern das genaue Gegenteil. Es ist Ausdruck der Tatsache, dass es viele Menschen bis heute eben nicht gelernt haben, in Ruhe und Zufriedenheit mit sich 'selbst' umzugehen. Solange es so ist, wird dem Einzelnen immer wieder einmal ein Widergeist, wie es in Bibel hier und da heißt, entgegentreten und ihm zu schaffen machen.

Erkennbar ist an alledem noch etwas anderes: dass sich alle diese Aspekte überschneiden, dass sie sich überlagern und miteinander in manchmal nutzvoller, manchmal schädlicher Wechselbeziehung zueinander stehen. Eines übt mal gute, mal schlechte Wirkungen auf das andere aus. Nehmen wir die drei Begriffe, um die es hier im Zusammenhang geht, und betrachten sie näher, dann erkennen wir, wie oben schon angerissen, dass sie in einem eng geführten Rückkoppelungsprozess mit einander stehen, wie kommunizierende Röhren. Was in der einen stattfindet, hat unmittelbar Auswirkungen auf die anderen. Deshalb sollten Sie stets darauf achten, dass, was immer Sie in einer Röhre tun, umgehend Antwort und Wirkung in den anderen findet. Was immer Sie tun oder sagen, selbst was Sie denken, hat sofort irgendeine Wirkung in Ihrer Umgebung zur Folge, die Sie allerdings häufig nicht bemerken, jedenfalls nicht sofort. Das geflügelte Wort "das Wort, das dir entfleucht - du holst es nicht zurück" hat in dieser Erkenntnis seinen Ursprung. Das alles zusammengenommen ist der Grund, warum es nicht möglich ist, für sich allein vor sich hin zu leben und auf so etwas wie (gesunde!) Selbstliebe und damit auf Selbstheilung zu verzichten. Sie können es gar nicht. Sie wissen es nur noch nicht.

Was ist eigentlich dieses geheimnisvolle Selbstbewusstsein?

Wenn wir schon ständig von diesem Ding sprechen, ist es sicher angebracht, sich einige Gedanken darüber zu machen, worüber wir eigentlich sprechen. Mit ziemlicher Sicherheit haben Sie schon Aussprüche gehört wie diesen: "Na, der ist ja sehr selbstbewusst!" Was ist damit aber eigentlich gemeint? Seit einigen Jahren ist es üblich, Tante Google zu fragen, und die fragt dann ihrerseits ziemlich oft Tante Wikipedia. Die Tante weiß wie alle Tanten viel, aber zum Thema Selbstbewusstsein sind ihre Erkenntnisse so dürftig und schwammig, dass die Administratoren der Plattform sich vor einiger Zeit gemüßigt sahen, den Hinweis anzubringen, der Artikel bedürfe wohl einer Überarbeitung. Auch manche gedruckten Lexikoneinträge sind, gelinde gesagt, suboptimal, soll heißen: wenig hilfreich. Dabei mühen sich Menschen, meist Philosophen, mit dem Begriff ab, seit sie denken können, und das ist schon etliche tausend, wahrscheinlich mehrere Zehntausend Jahre so und wahrscheinlich noch viel länger. Es ist zwar reine Spekulation, hat aber 'etwas': Möglicherweise hat der Prozess des Denkens begonnen, als sich der Mensch, ursprünglich wie die meisten Tiere auf allen Vieren unterwegs, aufreckte, auf zwei Beinen zu gehen und deshalb seine Umgebung zu überschauen begann. Anders als man annehmen könnte, hat sich das Denken anschließend nicht vom Abstrakten zum Konkreten hin entwickelt, sondern genau umgekehrt. Das wissen wir deshalb, weil wir es anhand der Entstehung der verschiedenen Schriften leicht nachvollziehen können. Die ägyptischen Hieroglyphen beispielsweise waren Bilder, die sehr genau bezeichneten, was sie aussagen wollten. Trotzdem konnte sie erst im 19. Jahrhundert ein französischer Wissenschaftler "übersetzen", und das auch nur, weil eine Steintafel gefunden worden war, auf der ein und derselbe Text nebeneinander in mehreren Sprachen aufgeschrieben war. Eine davon, das mit Buchstaben geschriebene Griechisch, war hinreichend bekannt. Anders als Bilder sind Buchstaben komplett abstrakt. Wir wissen heute, dass abstrakte Zeichen viel einfacher zu entziffern sind als bildliche. Damals dauerte so etwas zumeist Jahre und erforderte ein menschliches Genie. Ein moderner Computer hätte damit kaum noch ein Problem. Stichwort 'Enigma': Es ist wenig realistisch, anzunehmen, es gebe eine Geheimschrift, die sich nicht in kürzester Zeit entschlüsseln lassen würde, es sei denn, sie bestünde nur aus Bildern. Das war es ja, was bis dahin die Entzifferung der ägyptischen Bilder-Schrift unmöglich gemacht hatte. Bilder... von Klee über Kokoschka bis Kandinsky - natürlich lassen sich ihre 'Zeichen' nicht übersetzen, obwohl sie abstrakt sind, was eigentlich ein Widerspruch in sich zu sein scheint. Das ist es aber nicht, weil die Zeichen moderner ungegenständlicher Kunst, Gemälde ebenso wie Skulpturen, gar nicht dazu gedacht sind, 'übersetzt' zu werden. In der Regel liegt ihnen gar kein Urtext zugrunde, sondern der Betrachter soll selbst sehen, was er damit anfangen kann und will. Was gäbe es da zu übersetzen? Dass ein Künstler ein an sich abstraktes Werk abliefert, dessen 'Zeichen' er aber so verklausuliert hat, dass man sie eben doch entziffern kann - das wäre 'mal etwas völlig Neues.

Die Hieroglyphen, um darauf zurückzukommen, waren sehr konkret, während einem zeitgenössischen Schriftzeichen des Alphabets beim besten Willen nicht anzusehen ist, was es wohl bedeuten mag. Ein Zwischenschritt, sozusagen, ist die chinesische Schrift, die als Mittelding zwischen konkret und abstrakt immerhin Silben wiedergibt, die teilweise durchaus noch aus ihrem Abbild heraus gedeutet werden können, wenngleich sie Nicht-Sinologen wie reine 'Strichmännchen' vorkommen, die scheinbar keinerlei Be-Deutung besitzen. Einfache Beispiele dafür, dass dies nur teilweise so ist, sind die Zeichen für 'Haus' und für 'Mensch'. Noch einfacher und konkreter kann man Dinge sicher nicht darstellen. Dennoch sind diese Zeichen bereits völlig abstrakt, so wie unsere heutigen in Europa und vielen Weltengegenden, übrigens auch im Arabischen, gebräuchlichen Buchstaben komplett abstrakt sind. Was, bitteschön, soll ein 'b' bedeuten? Du brauchst mindestens zwei Buchstaben, meistens mehr, um einen Sinn aus ihnen herauslesen zu können. Eine scheinbar unbedeutende Beobachtung nebenbei: Wenn Sie, etwa unter Zuhilfenahme eines Schreibprogramms, das die dafür notwendige Funktion enthält, die Zahl der einzelnen Buchstaben in diesem Text durch die Zahl der darin vorkommenden Wörter teilen, werden Sie sehen, dass in diesem Text und damit wahrscheinlich in der deutschen Sprache insgesamt ein Wort im Durchschnitt aus sieben (!) Buchstaben besteht.

Das Denken ist immer mit dem Bewusstsein verquickt

Warum dieser so ausführliche gedankliche Ausflug, der mit unserem eigentlichen Thema anscheinend so gar nichts zu tun hat? Der Grund dafür ist, dass das Denken, egal ob konkret oder abstrakt, immer mit unserem Hauptgegenstand verquickt ist, mit dem (Selbst-) Bewusstsein.

Wenn Sie meditierend auf der Matte oder sonst wo sitzen: woran denken Sie dann? Woran sollten Sie denken? Wenn Sie den Text bis hierher verinnerlicht haben, wissen Sie es vielleicht. Andernfalls sei es hier noch einmal deutlicher gesagt: an möglichst gar nichts. Grundsätzlicher, ursprünglicher Zweck von Meditation ist es, 'frei', also 'leer' zu werden. Nix herumdenken! Alles sein lassen. So sein! Ist Ihnen schon einmal aufgefallen, dass Ihr Denken, während Sie irgendetwas tun, das Essen im Topf umrühren beispielsweise, - dass das Denken inzwischen Ihr Handeln, Ihre Motorik bestimmt? Wäre dies jenem anfangs düpierten Mönch bewusst gewesen, er hätte, als er laut lachend seine Reisschale säuberte, womöglich das wahre Buddhasein erlangt. Das Denken eines Menschen reicht vom nur auf sich selbst bezogenen bis zu einem auf die Umwelt bezogenen Denken. Wenn Sie sich nicht komplett verheddern wollen, dann lernen Sie es auf der Matte: Lassen Sie das Denken für die Dauer Ihrer Sitzung so weit wie irgend möglich sein! Versuchen Sie, sich davon zu befreien. Hier, im Sitzen, gilt Ihr inneres Augenmerk allein Ihrem Ich, Ihrem Selbst. Wu-wei heißt das auf Chinesisch. Nichts tun, nicht angreifen, nichts denken. Einfach nur so sein, und wäre es eben nur für zwanzig Minuten. Nachher dürfen Sie Ihren Kopf wieder einschalten. Kann sein, es kommt Ihnen vor, als hätten Sie für einige Augenblicke Ihren Körper durch Ihre Fontanellen verlassen und kehrten jetzt wieder in ihn zurück. Wenn Sie über diese Bemerkung lachen möchten: tun Sie es ruhig! Lachen ist gesund; gesund und heilsam.

Das Ich und die Welt, wir sind einfach verschieden...

Von Bewusstsein wird gesprochen, wenn ein Wesen sich von seiner Umwelt unterscheiden kann, so zu dem Begriff 'ich' kommt, und dann sowohl über seine Umwelt als auch und vor allem über sich nachdenken kann. Das ist die einfachste

Definition, die sinnvoll erscheint, wobei alle möglichen Disziplinen von der Psychologie über die Neurophysiologie bis hin zur Psychoanalyse ihre jeweils eigenen und teils ziemlich komplizierten Definitionen haben. Bewusstsein haben viele Tiere durchaus auch. Hunde oder Katzen beispielsweise, Menschenaffen erst recht, nehmen ihre Umwelt wahr und können viele Dinge in ihrer Umgebung klar unterscheiden, auch von sich selbst. Sie können differenzieren und sogar Schlussfolgerungen ziehen. Von einem Käfer, einem Schmetterling oder einem Regenwurm lässt sich das nicht sagen. Wenn ein Hund von einem Menschen immer wieder Hundekeks bekommt, sei es als Belohnung für etwas, oder sei es einfach nur so, wird er immer, wenn dieser Mensch wieder auftaucht, sofort zu ihm kommen und um weitere Kekse 'bitten'. Der Hund erkennt diesen Menschen als etwas anderes als er selbst ist, und er kann zwischen unterschiedlichsten Handlungen und Verhaltensweisen unterscheiden. Mit den Jahren immer schwieriger wird die

Beantwortung der Frage, ob manche 'höheren' Tiere nicht nur ein Bewusstsein, sondern vielleicht sogar ein Selbst-Bewusstsein haben könnten. So nehmen Primaten sich sehr wohl als eigenständige Persönlichkeiten wahr, und ob das nicht auch bei Katzen oder Hunden der Fall sein könnte, wäre zu hinterfragen. Als 'Ich', als vom Rest der Welt (angeblich) komplett getrenntes Wesen, sieht sich jedenfalls nur der Mensch - und es stellt sich die Frage, ob er damit eigentlich Recht hat, denn wie alle Meditationsschulen betonen, ist der Mensch eben keineswegs eigenständig, sondern nur in Wechselwirkung mit allen Dingen und Lebewesen seiner Umgebung denkbar, lebens- und überlebensfähig. Das allerdings ist eine Anschauung, die bis in der gegenwärtigen allgemeinen Denkweise abseits der 'Matte' noch nicht überall verbreitet ist. Dass echtes Denken und ein wirklicher Wille selbst höherstehenden Lebewesen außer dem Menschen nicht zu eigen sind, muss sicher nicht eigens betont werden.

Ich habe Hunger und möchte dich fressen!

Selbstbewusstsein fängt an, wenn ein Lebewesen über 'sich' nachdenken kann und dies auch tut. Damit ist es allerdings noch nicht unbedingt in der Lage, sich zu vergegenwärtigen, was es mit seinen Handlungen in seiner Umwelt anrichtet. Für den Anfang reicht es, festzustellen, dass 'ich' Hunger habe und möglichst viel Genießbares um mich herum zu fressen bekomme. Selbstbewusstsein bedeutet, mir darüber klar zu sein, dass ich nicht alleine bin, und dass das, was ich tue, Folgen für andere hat. Das ist der Beginn von Sozialisation, von Vergemeinschaftung. Das ist der Beginn der Erkenntnis, dass mein Handeln, mein Suchen nach Nahrung beispielsweise, Auswirkungen auch auf andere hat, abseits derer, die ich gerne fressen möchte.

Anfängliche Formen von Selbstbewusstsein mögen demzufolge einigermaßen rudimentär, grundlegend und noch ohne weitere Sinngebung, gewesen sein. Was wir heute darunter verstehen, ist etwas, was sich evolutionär entwickelt hat. Selbstbewusstsein in unserer heutigen Gesellschaft geht einen Schritt weiter als in seinen Anfängen. Es bedeutet, sich in der Gesellschaft, die sich inzwischen gebildet hat, mit anderen verständigen, mit ihnen Kompromisse schließen zu können beispielsweise, denn andere um mich herum wollen ja auch fressen! Etwas einfacher ausgedrückt heißt das, dass wir mit den anderen um uns herum klarkommen, dass wir in der Lage sein müssen, irgendwie mit ihnen auszukommen, uns bestimmte Dinge mit ihnen zu teilen, die wir eigentlich recht gerne allein für uns hätten; Es bedeutet auch, die Eigenarten der anderen hinnehmen zu können. Ungesundes Selbstbewusstsein ist es, wenn wir auf unseren uns angeblich angestammten 'Rechten' oder 'Vorrechten' zu bestehen zu versuchen. Gesundes Selbstbewusstsein ist es, wenn wir in der Lage sind, anderen Rechte einzuräumen, ihnen einen Teil 'unserer' Rechte, unserer Beute, abzutreten. Tiere, auch wenn sie rudimentäre Formen von Bewusstsein haben mögen, können dies nicht. Im Tierreich gilt, selbst unter höher entwickelten Arten, letztlich nur das Postulat des Fressens oder Gefressen werden. Ausnahmen gibt es. Insgesamt ist aber bei näherem Hinsehen praktisch nur der Mensch zu durchgehend anderen Verhaltensformen fähig. Gesundes Selbstbewusstsein ist, wenn wir in der Lage sind, uns selbst zu akzeptieren wie wir sind, und gleichzeitig in der Lage, andere so zu nehmen, wie sie sind - und ihnen gegebenenfalls sogar den Vortritt zu überlassen. Was hat Reinhold Messner gesagt? "Verzicht ist das Größte!" Der springende Punkt ist, dass wir gegebenenfalls nur schwer in der Lage sind, uns selbst so zu nehmen, wie wir sind.

Hier können Sie ruhig 'mal in die Röhre gucken

An dieser Stelle lohnt es sich, den einen oder anderen Blick in die zweite der erwähnten kommunizierenden Röhren zu tun, uns mit dem Begriff der Selbstliebe etwas näher zu beschäftigen. Dass jeder Mensch ein klein wenig selbstverliebt, ein kleines bisschen eitel ist, werden Sie wissen, wenn Sie an sich denken und diese Art von Einsicht nicht ganz und gar verbohrt verleugnen. Selbstliebe und auch ein kleines Quäntchen Eitelkeit sind gar keine so schlechten Eigenschaften, und wenn die Eitelkeit nur dazu dienen würde, dass Sie sich körperlich pflegen und sich ordentlich kleiden. Auch das erhöht zweifelsohne Ihr Wohlgefühl und Ihre innere Zufriedenheit, zumal es auch noch ihren sozialen Status verbessern kann. Das ist kein Plädoyer für das Auftragen fragwürdiger Pomade oder extravaganten Parfüms, oder für das Tragen teurer Maßanzüge. Es ist aber sehr wohl ein Plädoyer für die so gerne vollbrüstig

abgelehnte Eitelkeit, wobei wir oben ganz bewusst von 'ein bisschen' gesprochen haben. La-Roche Foucault wird (fälschlicherweise; der Ausdruck stammt in Wirklichkeit von einem Namensvetter) der Satz zugeschrieben: "Bescheidenheit ist die schlimmste Form der Eitelkeit."
Aus der Psychologie und anderen einschlägigen Forschungszweigen wissen wir, dass sich die Persönlichkeit eines Kleinkinds anfangs in einem Zustand befindet, der erst nach und nach, durch ein Herumtasten in der noch neu zu entdeckenden und zu erforschenden Welt die Ausbildung einer richtigen Persönlichkeit, eines Ich, erlaubt. In der Umgebung der Großen und Mächtigen, seien es die Eltern, seien es andere, muss das kleine neue Wesen erst ganz langsam eine Rolle finden. Von klein auf kennt es ja nur sich und ist deshalb auch von sich selbst am meisten überzeugt. Es ist noch, ohne dass dies negativ bewertet werden darf, ganz und gar und gleichzeitig völlig vorurteilsfrei in sich selbst verliebt. Sigmund Freud, der 'Erfinder' der

Psychoanalyse, hat dafür den Begriff des 'Narzissmus' geprägt, wobei er sich auf die bekannte griechische Sage von dem schönen Jüngling stützt, der sein Bild in einem Brunnen sieht und sich sofort in dieses Bild verliebt. In der Triebtheorie hat Freud im Narzissmus einen der notwendigen Lebenstriebe gesehen und gleichzeitig einen Ausdruck des 'Selbst'. Dabei hat Freud schnell erkannt, dass es zwei Formen von Narzissmus gibt, einen gesunden und einen pathologischen. Gesund in dieser Hinsicht ist der Mensch, wenn er, in einem dafür geeigneten Milieu aufwachsend, genügend Zuneigung und Anerkennung findet, um ein sich immer mehr festigendes Selbstbewusstsein zu entwickeln, ein realistisches Selbstbild und körperliches und seelisches Wohlergehen. Dadurch werden das Kind und der langsam älter werdende junge Mensch innerlich stärker. Schlecht, also pathologisch, krankhaft, ist eine zweite Form von Narzissmus, die meistens damit einhergeht, dass ihr 'Besitzer' unsicher ist, keine Rolle in der Gesellschaft findet, weil er keine Anerkennung bekommt, was er dann prompt durch eine Aufwertung seiner eigenen Person und dem entsprechend durch eine Abwertung aller anderen kompensiert.

Der Zusammenhang, das Zusammenspiel von Selbstbewusstsein und Selbstliebe, ist leicht zu erkennen. Eine ordentliche Portion Eigenliebe, die immer auch auf den Wert des 'anderen' achtet, stützt Ihr Selbstbewusstsein, und dieses gibt Ihnen Kraft, Ihre Zuneigung zu Ihrer eigenen Person aufrechtzuerhalten und zu pflegen. Beide, könnte man sagen, schaukeln sich einander gegenseitig hoch. Ebenso spielt für die Entwicklung eines gesunden Selbstbewusstseins das Vorhandensein von Bindungen eine wichtige Rolle, die in Krisen Halt und Sicherheit gewähren und sie umgekehrt bei Bedarf dem Gegenüber zur Verfügung stellen. Das ist einer der Punkte, wo die Behauptung wieder auftaucht, dass Sie, sobald Sie eine gesunde Selbstliebe besitzen, automatisch mit den Wünschen, Nöten und Bedürfnissen eines anderen in Berührung kommen, sie erkennen und akzeptieren und sich entsprechend verhalten.

Alle paar Jahre sind Sie ein völlig neuer Mensch

Wie passt nun Röhre Nummer drei, die Selbstheilung, ins Konzept? Um das zu verstehen, gibt es zwei Wege. Zum einen ist da die eigene Erfahrung. Wenn Sie regelmäßig meditieren, werden Sie es am eigenen Leib und an der eigenen Seele erfahren. Eigentlich müsste da gar nichts weiter erklärt werden. Der zweite Weg ist ein näherer Blick auf das, was Forschung und Medizin alles zu diesem Thema herausgefunden haben. Ohne sich allzu weit in medizinischen und anderen Fachausdrücken zu verlieren, genügt schon der Hinweis, dass Sie mit Sicherheit schon oft beobachtet haben, wie sich Ihr Körper immer wieder von alleine heilt. Sie sind bestimmt als Kind das eine oder andere Mal hingefallen und haben sich die Knie aufgeschürft, so dass sie geblutet haben. Wie durch ein Wunder hat sich nach und nach eine Kruste gebildet, dann ist innerhalb von einigen Tagen der Schorf abgeheilt und abgefallen, und außer wenn die Wunde ziemlich groß war, werden Sie einige Zeit später nicht einmal mehr eine Narbe gesehen haben. Ihr Körper hat sich, ohne dass Sie sich dessen bewusst geworden sind, selbst geheilt, ganz ohne irgendwelchen esoterischen Klimbim. Dem liegt zugrunde, dass der menschliche Organismus generell so veranlagt ist. Das gehört zu seinem 'Konzept'. Jeden Tag sterben Millionen von Zellen im menschlichen Körper, werden auf die eine oder andere Art 'entsorgt' und durch neue ersetzt. Ungefähr fünfzig Millionen Zellen sollen es bei einem gesunden Menschen täglich sein. Denken Sie nur einmal an die Schuppen, die Ihnen ab und an vom Körper fallen. Das sind alles abgestorbene Zellen, die längst durch andere ersetzt worden sind. Problematisch wird es allenfalls, wenn aus irgendwelchen Gründen die Schuppenbildung überhand gewinnt und lästig wird. Das kann dann und wird vielleicht organische Gründe haben, oder auch solche, die mit Ihrer eventuell nicht im Gleichgewicht befindlichen Psyche zu tun haben. - Ganze Organe, sogar die Lunge, regenerieren sich auf diese Weise selbst. Bei der Lunge ist davon die Rede, dass dieser Vorgang ungefähr sieben Jahre dauert. Da das auch mit anderen Teilen Ihres Körpers passiert, sollte es Ihnen nicht schwerfallen, einzusehen, dass Sie alle paar Jahre ein völlig neuer Mensch sind! Die Wissenschaft hat vieles herausgefunden über diese Reparaturwerkstatt, mit der sich der Körper über all die vielen kleinen und auch größeren Unfälle im täglichen 'Verkehr' hinweghilft. Mineralien, Vitamine, Hormone, Proteine spielen bei diesen komplexen Vorgängen eine Rolle. Spurenelemente aktivieren mehrere hundert Enzyme, die einen angemessenen Energie-Stoffwechsel ermöglichen. Vitamin C und Vitamin E wehren als Antioxidantien freie Radikale ab, und und und. Die Liste der Prozesse, die in diesem Hochdruckkessel, welcher sich Körper nennt, ablaufen, ist schier endlos, und keineswegs alle haben die Wissenschaftler schon verstanden, viele aber durchaus. Vor allem ist ihnen etwas eigentlich sehr Simples aufgefallen, das ist, dass die meisten Stoffe, die unser Körper braucht, um zu funktionieren, mit der Nahrung aufgenommen oder aus einzelnen Bestandteilen der aufgenommen Nahrung hergestellt oder umgewandelt werden. Da sind wir wieder beim Thema: Essen Sie sich gesund! Und weil viele dieser in unserem Körper ablaufenden Prozesse eindeutig durch Meditation unterstützt werden: Meditieren Sie sich gesund! Beides zusammen ist zwar keine Garantie, erhöht aber die Wahrscheinlichkeit erheblich, dass Sie gesund werden oder es bleiben, wenn sie beides im richtigen Maß tun. An apple a day keeps the doctor away - ein Apfel am Tag, sagen die Engländer, hält den Arzt vom Haus fern. Ein Apfel und ein Viertelstündchen selbstverordnete Muße mit - Sie erinnern sich - richtigem Atmen.

Warum nicht auch Meditation gegen Depressionen?

Nicht alle tun es, aber immer mehr. Immer mehr Sportler nutzen die Erkenntnis, dass Meditation Körper und Seele pflegt und dadurch das Leistungsvermögen ähnlich zu fördern in der Lage ist wie körperliches Training, was durch Meditation natürlich nicht ersetzt, aber erkennbar befördert werden kann. Viele Trainer wissen um diese Zusammenhänge und stimmen ihre Schützlinge darauf ein. Es wird vermutlich nicht mehr allzu lange dauern, bis Meditation ganz normaler üblicher Bestandteil des Trainings in so ziemlich jeder Sportart sein wird. Dass umgekehrt Sport ein Heilmittel sein kann, wird womöglich noch viel zu wenig beachtet. So hat vor einiger Zeit ein von Depressionen geplagter Mann, schätzungsweise mittleren Alters, in einem Interview davon berichtet, dass er nach langer Leidenszeit mehr oder weniger zufällig zu einem Lauftraining gefunden und es fertig gebracht hat, sich dazu aufzuraffen, regelmäßig, täglich, zu laufen. Das Training, die körperliche Anstrengung, die Sauerstoffzufuhr wohl auch, machten sich bei ihm positiv bemerkbar, wie er berichtete. Inzwischen ist er aktives, sogar leitendes Mitglied einer Selbsthilfegruppe und versucht, das, was er erlebt, anderen von Depressionen Betroffenen zu vermitteln und sie so aus ihrer Lethargie herauszulösen. Auch er hat, nebenbei, die Bedeutung von Riten und Rhythmen erkannt und sein Lauftraining entsprechend in seinen Tagesablauf integriert, zu immer wieder gleichen, festgelegten Zeiten. Eigenartigerweise, wurde in diesem Interview berichtet, bezahlen die Krankenkassen Sport-Angebote für Depressive bisher anscheinend nicht. Noch nicht vielleicht. Es wäre sicher kein Fehler, wenn dieser Interviewte stattdessen oder besser zusätzlich auch den Weg auf die Matte fände. Es wäre beinahe ein Wunder, wenn ihm nicht auch Meditation helfen würde, und das würde - siehe oben - wenn er sich nicht ganz und gar ungeschickt anstellt, vielleicht sogar die Krankenkasse bezahlen. Natürlich könnte er wie jeder andere kostenlos daheim meditieren, aber das erscheint nicht als empfehlenswert. Depressive Menschen sollten nicht alleine sein, sondern in einer Gruppe, so wie es ja dieser Betroffene glücklicherweise erkannt und umgesetzt hat. Wenn er keine Meditationsgruppe in seiner näheren Umgebung findet, könnte er mehr oder weniger leicht tun, was er in Sachen Laufen getan hat: selber eine entsprechende Gruppe gründen. Meditieren lernen und lehren, wofür es genügend Anregungen und Hilfen gibt, und Gleichgesinnte um sich scharen, was er ja offenbar erfolgreich kann. So könnte er sich und andere in eine Gruppe integrieren, und das ist, wie von depressiv veranlagten Menschen bekannt ist, eine wichtige Voraussetzung dafür, sich aus diesem Teufelskreis zu lösen, in den einen Menschen diese Krankheit hineinzieht.

Die gefährliche Alternative

Es ist eine besorgniserregende Erscheinung unserer Tage: Während sich einerseits durchaus immer mehr Menschen Heilmitteln wie der Meditation zuwenden, ziehen sich andererseits Massen von Menschen immer mehr in sich zurück, konzentrieren sich immer stärker auf sich selbst, lehnen alles andere, zumal alles Fremde, immer vehementer ab. Teilweise über hundert Jahre etablierte politische Parteien verlieren immer mehr Mitglieder. Einige drohen buchstäblich auszusterben. Gewerkschaften, denen Gemeinschaftspflege und die Vertretung ihrer gemeinsamen Interessen gegenüber den Arbeitgebern (und gelegentlich 'der Politik') ihr Hauptzweck war, bluten aus. Die beiden großen Kirchen in Deutschland, so wird prognostiziert, werden 2060 nur noch halb so viele Mitglieder haben wie 2020. Kurz zusammengefasst bedeutet dies, dass der Großteil der Menschen in unserer Gesellschaft sich (wieder) vereinzelt und sich aus eben dieser

Gesellschaft zurückzieht, anstatt sich zu sozialisieren. Kann sich darin ein gesundes Selbstbewusstsein ausdrücken? Kann, wird das noch Gemeinschaft, eine Gesellschaft sein, in der es sich zu leben lohnt? Kann das gesund sein? Mehr denn je erfordern die aktuellen Ereignisse unsere, also auch Ihre aktive Beteiligung.
Setzen Sich hin und meditieren Sie! Sie werden damit nicht alle Probleme der Welt lösen. Buddha konnte es nicht, andere auch nicht. Aber Meditation verleiht Ihnen Kraft. Sie macht Sie stärker, selbstbewusster, auch im Umgang mit Dingen oder Anschauungen, ja, auch Menschen gegenüber, denen Sie Widerstand entgegensetzen wollen oder müssen. Stehen Sie auf! Auch dazu gibt Ihnen Meditation Kraft. Meditation hat auch eine politische Dimension. Nicht nur Mahatma Ghandi hat es bewiesen. Es geht nicht nur um Sie, wenn wir von Selbstbewusstsein, Selbstliebe und (Selbst-) Heilung sprechen. Sie sind nicht allein. Sie sind Teil eines größeren Ganzen.

Selbst-Bewusstsein bedeutet, dass Sie auch das erkennen.

Vom Ich über das Selbst zum Du

Es gibt jede Menge Mental-Trainings-Programme und wahrscheinlich noch mehr Coaches, die so etwas wie Bewusstseinsbildung und Strategien zur Selbstfindung und Selbstverwirklichung unterrichten. Was auffällt, ist, dass sie alle ausnahmslos eines erreichen wollen: dass Sie sich besser und sicherer fühlen sollen. Sie sollen lernen, das Steuer für Ihr Leben, für ein zufriedenes und vor allem (!) erfolgreiches Leben in die Hand zu nehmen. Was es da alles an Strategien gibt, was sich da alles für Berater tummeln, womöglich mehr als es Mechaniker in Auto-Reparaturwerkstätten gibt! Und jeder hat ein eigenes Konzept, eine eigene Methode und, natürlich, die allein selig machende Wahrheit, als wären sie alle als neue Religionsgründer unterwegs. Fantastisch! Wollten wir oder

Sie auch nur einem Bruchteil von ihnen folgen, wir wären innerhalb kürzester Zeit sowas von glücklich und erfolgreich, dass wir gar nicht mehr wüssten, wohin mit unserem Glück! Meine Nachbarn? Meine Kollegen? Vergiss es! Denen wollen wir es ja gerade zeigen! "Wenn Sie nur zehn Prozent dieses Buches beherzigen", hieß es einmal in einem Klappentext zu einem solchen Ratgeberbüchlein, "werden Sie Ihr Leben positiv beeinflussen". Eben: Ihr Leben.

Viele Ratschläge dieser Leute haben einiges für sich. Beispielsweise hat vor ungefähr zehn Jahren einer gefordert, Menschen, die mit sich unzufrieden sind, die aus ihrer Sicht zu wenig Erfolg im Beruf haben und so weiter, sollten gefälligst aufhören, zu jammern und sich ständig in einer Opferrolle zu sehen. Sie sollten ihr Leben in die eigenen Hände nehmen, für sich Entscheidungen treffen und nach ihnen handeln. Weg mit dem 'ich kann doch nicht', 'ich darf doch nicht', 'da sind so viele Dinge, die mir das gerade nicht möglich machen' und so weiter. Recht hat er! Im Prinzip. So ist es auch mit vielem anderem, was dieser Mann (erstaunlicherweise sind es zwar nicht nur, aber meistens Männer, die sich auf diese Weise zu Wort melden) 'rüberzubringen versuchte, und was so viele andere beständig zu vermitteln versuchen. In der Regel bieten sie abseits ihrer Veröffentlichungen kostenpflichtige Seminare an...

Es ist nicht sofort alles Friede, Freude, Eierkuchen

Meditation, gleich welcher Art, geht von einem anderen Ansatz aus. Schon der Ausgangspunkt dieser Selbstverwirklichungs-Seminare, um es auf den Punkt zu bringen, ist aus Sicht aller, die sich mit Meditation beschäftigen, grottenfalsch. Der Ausgangspunkt ist falsch, und vor allem ist es das Ziel. Meditation verhilft Ihnen durchaus zu einer Form von Selbstverwirklichung - aber doch nicht so! Selbstverwirklichung - in some certain way - ist sehr wohl das Ziel, aber nicht, um anschließend umso besser im Haifischbecken räubern zu können. Nicht dass Meditation Sie zu der Ansicht bringen sollte oder würde, es sei ab sofort alles nur noch Friede, Freude, Eierkuchen. Weit gefehlt! Ihr erstarktes Selbstbewusstsein ermöglicht es Ihnen ab sofort, sehr wohl auch (siehe oben) "nein" sagen zu können, wenn Ihnen etwas nicht passt, wenn Sie etwas nicht in Ordnung finden. Meditation reißt sie aber nicht, wie diese Selbstverwirklichungsseminare aus dem Zusammenklang mit den Menschen in Ihrer Umgebung heraus, sondern bewirkt genau das Gegenteil. Das ist etwas, was manche Mentaltrainer, Coaches und Therapeuten offenkundig nicht verstehen, oder was sie womöglich gar nicht interessiert. Solches Mentaltraining insinuiert, redet Ihnen ein, Sie würden glücklich sein, wenn es Ihnen gelänge, Ihr Leben so in den Griff zu bekommen, dass Sie überall beliebt sind, im Beruf Erfolg haben und so weiter. Was für eine schale Oberflächlichkeit! Zumal das, wie Sie inzwischen vermutlich längst verinnerlicht haben, gar nicht passieren kann. Obwohl prinzipiell als Einzelgänger unterwegs, 'funktionieren' Sie letztlich nur in der Gruppe, und nur, wenn möglichst alle in Ihrer Gruppe glücklich sind, sind auch Sie glücklich. Durch Meditation lernen Sie nicht nur, sich selbst in der Balance zu halten, sondern mit Ihnen auch andere. Jedenfalls steigen die Chancen dafür, sobald Sie sich in aller Gelassenheit im Griff haben, mit sich zufrieden sind und sich selbst 'lieben', im Vergleich zu vorher überproportional an.

Solche aufs eigene Ego konzentrierten Selbstverwirklichungs-Strategien sind ebenso verquer wie die Auffassung russischer Anarchisten und Utopisten vor über einhundert Jahren, sie hätten "die Pflicht, sie zu einem glücklichen Leben zu zwingen."

Meditierend gelangen Sie von dem Egoshooter, der Sie bis dahin vielleicht waren, zu einem ausbalancierten Selbst und damit automatisch, selbst wenn Sie das so gar nicht explizit angestrebt haben, zu einem empathischen, mitfühlenden Du. Plötzlich ist da Platz - für Sich ebenso wie für andere

Jeden Tag überglücklich und voll Tatendrang werden Sie, wenn Sie regelmäßig meditieren, nicht sein. Sie werden nicht permanent vor Kraft strotzen und vom Frühstück weg lauernd darüber nachsinnen, wen Sie heute beglücken können. Sie werden selbstverständlich auch weiterhin Zweifel erleben und Stimmungsschwankungen. Es sind ja nicht alle Tage gleich. Das Wetter ändert sich, die Anforderungen im Job verändern sich, und und und. Auf der Matte lernen Sie aber, solche Schwankungen, auch Zweifel, einzugrenzen, sie auf einem erträglichen Level zu halten, so dass sie Sie nicht in irgendeinen Strudel hineinziehen können. Wer derart ausgeglichen ist, wie Sie es meditierend werden, erkältet sich nicht so leicht, entwickelt schnell ein insgesamt widerstandsfähigeres Immunsystem als früher und hält körperlichen ebenso wie psychischen Belastungen besser stand. Stimmungsschwankungen zu entgehen durch Meditation hilft, Ihr Selbstbewusstsein zu stärken. Sobald Sie Ihre eigenen Stimmungsschwankungen weitgehend los sind oder sie zumindest im Griff haben, ist plötzlich Platz da für Empathie - für sich selbst (Selbstliebe) und für andere (Nächstenliebe). Sie müssen sich plötzlich gar nicht mehr dafür interessieren, sich nicht mehr damit beschäftigen, wie es Ihnen geht. Sie erkennen, dass es Ihnen, sobald Sie eine grundliegende Gelassenheit erreicht haben, automatisch besser geht als früher. Es wird auch dahin kommen, dass unerfreuliche Ereignisse ebenso wie solche, die Sie früher in einer unguten Euphorie über sich haben ergehen lassen, Sie immer weniger beeindrucken. Das wirkt aufs erste Hinsehen wie Gefühllosigkeit oder Gleichgültigkeit. Das ist es aber nicht. Eben nicht! Wer ein gewisses Maß an Gleichmut entwickelt hat, ist offen und bereit für alles, was da kommen mag, von liebevollen

Begegnungen bis hin zu schwersten Schicksalsschlägen.

Wie oben schon gesagt: Meditation macht Sie stark, baumstark. Und sie trägt wesentlich zur Erhaltung oder Verbesserung Ihrer Gesundheit bei. Und sie ist ein hervorragendes Mittel zur Verbesserung Ihrer Kommunikation. Meditieren Sie - dann klappt's auch, siehe oben, mit dem Nachbarn...

Ein letzter Wink zum guten Schluss: Meditieren Sie auch, wenn Ihnen nichts fehlt, wenn nichts Sie belastet, wenn Sie keinerlei gesundheitliche Einschränkungen an sich wahrnehmen! Wenn die Welt, so wie sie ist, für Sie in Ordnung ist. Die tiefe Zufriedenheit darüber auf der Matte selbst-bewusst wahrzunehmen und zu pflegen, ist zweimal am Tag fünfzehn oder zwanzig Minuten allemal wert. Sie meinen, die Zeit sei doch eigentlich vergeudet? Dann meditieren Sie offenbar noch nicht lange, denn sonst wüssten Sie bereits, dass Sie, sobald Sie einmal angefangen haben, wider Erwarten nicht weniger, sondern mehr Zeit haben. Das klingt wie so vieles in

Zusammenhang mit Meditation völlig paradox, widersprüchlich, und ist doch leicht erklärt. Wenn Sie regelmäßig meditieren, werden innerhalb kurzer Zeit Dinge völlig irrelevant, mit denen Sie sich früher im Alltagstrott beschäftigt haben, und die Sie jetzt leichten Herzens zur Seite wischen. Viele Dinge werden Sie nicht mehr tun, weil Sie sie ohnehin nur gewohnheitsmäßig, unbewusst, getan haben. Drüber sind Sie jetzt hinaus. Halten Sie für den Abfall Ihrer Seele einen großen Papierkorb bereit.

Nehmen Sie sich Zeit. Sie werden keine verlieren, sondern welche hinzugewinnen.

Kapitel 10: Erwachen Und Meta-Bewusstsein

Jahre der Konditionierung haben uns gelehrt, dass wir unsere Fehler beseitigen müssen, unbequeme Gefühle ignorieren und uns mit einem starken Arm an Orte begeben müssen, an denen wir das Gefühl haben, dass sie angenehmer oder besser sind, um unserem Selbstbild zu schmeicheln. Wir haben einen instinktiven Kampf oder eine Fluchtreaktion, die uns hilft, Bedrohungen, ob real oder imaginär, für unser Wohlbefinden und unsere Sicherheit zu vermeiden. Diese Reaktion ist neurologischer Natur und ist das, was unser Überleben in den letzten Millionen Jahren so gesichert hat. Obwohl es für unsere Langlebigkeit über Jahrtausende hinweg verantwortlich ist, kann es, wenn es unkontrolliert bleibt, seelische Aspekte dessen untergraben, was uns einzigartig macht. Was wir tun müssen, ist, uns selbst so zu akzeptieren, wie wir sind, anstatt zu versuchen, das zu korrigieren oder zu ändern, was uns nicht gefällt.

Achtsamkeit kann uns helfen, uns selbst zu erkennen, anzunehmen und zu schätzen, indem wir uns einen Moment Zeit nehmen, um uns selbst von innen heraus zu betrachten und genau zu sehen, was wir fühlen und von einem Moment auf den anderen erleben. Anstatt zu entscheiden, dass mit uns etwas nicht stimmt, weil wir unangenehme oder lästige Gefühle oder Gedanken haben, müssen wir nur die Dinge anerkennen, die wir bemerken. Beobachten und akzeptieren. Wir sind in der Lage, diesen Moment zu nehmen und ihn so zu erleben, wie er ist, ohne Urteil oder Ressentiments.

Sich selbst für das zu akzeptieren, was wir sind, bedeutet, jede Erfahrung anzunehmen, die wir haben. Es hilft uns, unsere Toleranz für die Erfahrung zu erweitern und zu beobachten, wie die Dinge kommen und gehen. Was auch immer wir erleben, und das können alle unangenehmen Gefühle sein, gehen leichter vorbei, wenn wir in der Lage sind, mit ihnen auf eine freundliche und akzeptierende Weise umzugehen. Dann können wir eine Abrechnung unserer Erfahrungen feststellen.

Um achtsam zu sein, müssen wir vollständig präsent sein. Diejenigen von uns, die achtsame Meditation praktizieren, wissen, dass sie zu einer größeren Ruhe oder Einsicht führt. Die Forschung, die auf dieser Art von Meditation durchgeführt wurde, hat sich als hilfreich erwiesen, um Stress, Schmerzen, Ängste, Depressionen und mehrere andere Krankheiten zu reduzieren. Tatsächlich geht es bei der Ausübung von Achtsamkeit jedoch nicht um die Wissenschaft oder die Forschung. Es geht darum, sich auf einer tiefen Ebene mit uns selbst zu verbinden. Es geht darum, unsere Psyche zu verstehen. Es geht um Akzeptanz. Und, vielleicht am wichtigsten, es geht darum, wertfrei zu sein.

Es ist besonders wichtig zu betonen, wie wichtig die Nicht-Bewertung ist. Es ist eigentlich eine der Hauptkomponenten, um den Bekanntheitsgrad zu erhöhen und die Vorteile zu nutzen. Dies wird durch die Praxis erreicht, die eigenen Gedanken, Reaktionen, Gefühle und alle anderen Erfahrungen zu beobachten, wenn sie in dein Bewusstsein gelangen.

Um Achtsamkeit zu kultivieren, bedarf es einer vorübergehenden Aussetzung des inneren Urteils. Es muss geschehen. Du musst es geschehen lassen und einfach zusehen. Um dies zu tun, musst du dich auf den Moment konzentrieren, wie er geschieht. Unser alltägliches Bewusstsein wird von unseren Zukunftsplänen und unseren Erinnerungen an die Vergangenheit überwunden. Es ist schwierig, diese Art von Denken aufzuhalten, die das Schlafen oder gar Entspannen erschweren kann. Auf unserer grundlegenden Ebene gründet sich das

Bewusstsein auf das, was wir in diesem Moment erleben.

Das kann zu einer ziemlich prekären Situation führen. Da unser Bewusstsein oft mit Erinnerungen an die Vergangenheit und Gedanken an unsere Zukunft beschäftigt ist, befindet sich der Geist in einer ständigen Schleife, die sich ausschließlich auf diese beiden Dinge konzentriert. Natürlich sind die Zukunft und unsere Erinnerungen äußerst wichtig. Die Vergangenheit ist Teil dessen, was wir heute sind, und die Zukunft ist der Ort, an dem unsere Träume und Bestrebungen leben. Wir wären nicht viel von einem Menschen, wenn wir diese nicht hätten und erkennen würden. Die Erfahrungen im gegenwärtigen Moment sind der Ort, an dem wir in der Lage sind, unser Bewusstsein zu stärken und an dem Achtsamkeit wirklich beginnen kann.

Die Essenz der achtsamen Meditation besteht darin, das so genannte Meta-Bewusstsein aufzubauen. Wenn wir uns in

einem Zustand des normalen Bewusstseins befinden, ist es ein ständiger Strom von Gefühlen und Gedanken, die mit unserem Selbstbewusstsein verbunden sind.
Dies kann auf einer bewussten Ebene geschehen, oder wir sind uns dessen vielleicht nicht bewusst. Mit Meta-Bewusstsein bist du in der Lage, diese Gefühle und Gedanken mit Distanz zu betrachten. Du kannst sie als das betrachten, was sie sind.... Gedanken und Gefühle, die nicht mit dir selbst verbunden sind. Mit genügend Übung gibt uns das Meta-Bewusstsein die Möglichkeit, uns selbst objektiv zu betrachten.

Um dies weiter zu brechen, fördert das Meta-Bewusstsein die eigene Präsenz. Die Anwesenheit eines Menschen wird eher gefühlt als gesehen. Es in einem anderen Menschen zu spüren, bedeutet einfach zu wissen, dass sie einen tieferen Frieden und innere Ruhe in sich haben. Das ist ihre Anwesenheit, und einige Menschen sind in der Lage, sie bekannter zu machen als andere. Das sind die Menschen, die achtsame Meditation praktizieren und sie entweder haben oder kurz davor stehen, sie zu beherrschen.

Diese Erfahrung aus erster Hand machen zu können, ist eine unglaublich kraftvolle Erfahrung. Du bist in der Lage, dich selbst auf der tiefen Ebene zu verstehen, die die meisten anderen Menschen nicht können. Du wirst dich mehr mit dir selbst wohlfühlen und feststellen, dass das Leben Gnade hat, sogar Sinn. Mit Achtsamkeitsmeditation und einigen sehr disziplinierten Bemühungen kann diese Präsenz, von der wir gesprochen haben, intern geschaffen und dann sowohl von dir als auch von anderen gefühlt werden.

Eine der Hauptfragen der Achtsamkeitsmeditation ist, ob sie täglich praktiziert werden muss oder nicht.
Bedeutet das, dass du nie einfach loslassen und einen sinnlosen Spaß haben kannst? Überhaupt nicht.
Theoretisch verbringen die meisten Menschen wahrscheinlich weniger als ein

Prozent ihres Tages damit, aufmerksam zu sein. Die anderen neunundneunzig Prozent der Zeit werden für den normalen Bewusstseins- und Gedankenzustand von Vergangenheit und Gegenwart aufgewendet. Wenn Sie in der Lage waren, fünfundvierzig Minuten bis zu einer Stunde zu finden, um sich jeden Tag diesem Thema zu widmen, denken Sie nur daran, was es für Ihren Geisteszustand, Ihre allgemeine Gesundheit und Ihre Beziehungen tun könnte. Im Großen und Ganzen ist das nicht viel Zeit, sich zu widmen. Du verbringst keine Stunden am Tag, um diesen achtsamen, meditativen Zustand zu erreichen.

Dieses Gefühl des Erwachens und des Meta-Bewusstseins, das man mit achtsamer Meditation erreichen kann, ist, wie wir bereits erwähnt haben, großartig für Menschen in allen Aspekten ihres Lebens. Es ist nicht etwas, das eine enorme Zeit in Anspruch nimmt. Außerdem, wer kann nicht jeden Tag eine Stunde für sich allein in Anspruch nehmen? Einen ruhigen Ort zu finden, um sich einfach zu entspannen und sein inneres Selbst ohne Kritik zu beobachten, kann eine fantastische Möglichkeit sein, den Tag zu beginnen oder zu beenden.

Kapitel 11: Arten Der Meditation

Es gibt verschiedene Arten der Meditation, die aber alle zum Ziel haben, dass Sie sich danach entspannter und erholter fühlen. Der Schwerpunkt Ihrer persönlichen Meditation ist dabei Ihnen überlassen.

- Die Passive Meditation

Diese Art der Meditation legt ihren Schwerpunkt auf drei verschiedene Bereiche.

a) in einer regungslosen Haltung (Sitzen) wird der Geist geleert und beruhigt.

b) durch die Aufmerksamkeit und die Achtsamkeit werden geistige und emotionale Phänomene in dem jeweiligen Augenblick erfasst, ohne zu bewerten oder zu verändern

c) durch eine Fokussierung auf ein Mantra oder ein Bild zum Beispiel kommt es zu einer sehr tiefen Beruhigung des Geistes

- Die aktive Meditation

Bei dieser Meditationsart wird der Fokus auf Dinge gelegt, die von außen in unser

Bewusstsein dringen. Das können unter anderem Musik, Bewegungsabläufe, Tanz oder auch spezielle Atemtechniken sein. Durch diese Fokussierung ist der verstand derart beschäftigt, dass andere Gedanken oder auch Ängste keinen Platz mehr haben. Den Abschluss einer solchen Meditation bildet meist eine Phase der Ruhe, die entweder im Sitzen oder im Liegen durchgeführt wird, und zwar solange, bis der Verstand sich komplett beruhigt hat.

• Fantasiereisen

Für diese Art der Meditation sind mittlerweile auch sehr viele Medien wie zum Beispiel CDs erhältlich. Hierbei wird der Anwender auf eine Reise geschickt, die ihn in einen leichten bis mittleren Entspannungszustand führt. Diese Fantasiereisen sind nicht nur wundervoll im Alltag dazu geeignet, um richtig abschalten zu können, sondern lassen sich auch sehr gut mit Klangschalen ergänzen.

• Geführte Meditation

Die Einleitung einer solchen geführten Meditation ist ähnlich einem autogenen

Training und führt zu einem mittleren bis tiefen Zustand der Entspannung. Ganz bewusst werden hier zum Beispiel durch einen Therapeuten positive Bilder und bestimmte Situationen erzeugt. Mit einer sehr bildhaften Sprache wird hier das Unterbewusstsein angesprochen. Damit werden unter anderem Prozesse der Veränderung unterstützt (Beispiel Rauchentwöhnung). Durch eine geführte Meditation wird das Selbstvertrauen gestärkt, alte Erinnerungen oder Handlungsmuster verabschiedet und losgelassen. Das eigene Ziel wird durch eine geführte Meditation sehr gut erreicht und zudem die Selbstheilungskräfte gefördert.

Neben diesen weit verbreiteten Meditationsarten gehören aber auch weit bekanntere Methoden in diesen Bereich. Yoga, Qi Gong, Thai Chi oder auch autogenes Training sind ebenso Meditationsarten, auch wenn sie unter Umständen nicht als solche erkannt werden.

3.1. Meditationsstellungen

Jede Art von Meditation führt zu einem entsprechenden Entspannungszustand. Um diesen zu erreichen ist es mehr als logisch, dass man sich in eine Stellung begibt, die erstens sehr bequem ist und in welcher man unter Umständen auch nach einer bestimmten Zeit immer noch bequem und gelockert sitzen, stehen oder liegen kann. Es macht schließlich keinen Sinn, wenn Sie beispielsweise eine Meditationsübung im Sitzen mit verschränkten Beinen durchführen wollen, und bereits nach 5 Minuten Schmerzen in den Oberschenkeln oder Gelenken bekommen. Gerade Personen mit Rücken- oder Muskulaturproblemen sollten sich im Zweifelsfall immer für die liegende Stellung bei der Meditation entscheiden. Eine andere Möglichkeit wäre für solche Menschen natürlich auch das Qi Gong, bei dem die ruhigen Bewegungen immer auch ein Stück weit Lockerung für verspannte Muskeln oder erkrankte Knochen bietet. Zudem bietet der ruhige Bewegungsfluss den Vorteil, dass nicht allzu lange in der gleichen Meditationshaltung verharrt werden muss.

Wer sich aber durch Yoga mit der Meditation vertraut macht, hat den Vorteil, dass gerade die verschiedenen Yogastellungen Bänder dehnen und die Muskulatur lockern.

In der Fachsprache wird die Meditationsstellung, in welcher Sie lange und bequem verharren können „Asana" genannt. Damit ist eine definierte Körperstellung gemeint, die für die nachfolgenden Meditationsübungen fest und gleichzeitig angenehm ist. Es ist wichtig, eine solche Stellung einzunehmen, damit man sich während der Übung nicht auf den Körper konzentrieren muss. Ebenso muss diese Stellung angenehm sein, damit man den eigenen Körper beziehungsweise dessen Haltung während der Meditation nicht als störend empfindet.

Diese Asanas müssen Sie natürlich zuerst einüben. Legen Sie vor Beginn der eigentlichen Meditation eine bestimmte Zeit fest, in welcher Sie in der jeweiligen

Stellung verharren. Diese Zeit ist nötig, damit der Lockerungsprozess einsetzen kann. Gerade wenn die jeweilige Meditationsstellung ungewohnt und neu ist, wird es vorkommen, dass Sie bereits nach wenigen Minuten den Drang verspüren, sich bewegen zu wollen. Da kann es irgendwo drücken, jucken oder auch zwicken. Das sind aber ganz normale Reaktionen Ihrer Muskeln, die dabei sind, sich zu entspannen. Versuchen Sie trotz der mitweilen unangenehmen Begleiterscheinungen nicht, die Stellung zu wechseln, denn dadurch unterbrechen Sie den Lockerungsprozess und Sie müssen von vorn beginnen. Nach einiger Zeit wird sich Ihr Körper an die Meditationsstellung gewöhnen. Und dann ist die Zeit gekommen, in welcher Sie dieses Asana als die bequemste Haltung der Welt empfinden werden. Haben Sie also etwas Geduld mit sich und Ihrem Körper. Nachfolgend finden Sie einige einfache Körper- beziehungsweise Meditationsstellungen, die vor allem für Anfänger sehr gut geeignet sind.

Der Drachensitz oder auch „Vajrasana": Er gehört zu den klassischen Mediationshaltungen und zeichnet sich dadurch aus, dass man sehr sicher und fest sitzt und dabei den Rücken auf einfache Weise gerade halten kann. Des Weiteren fördert er die Willenskraft und löst schon allein durch die eingenommene Haltung Verspannungen in der Beinmuskulatur.

1. Knien Sie sich mit geschlossenen Beinen auf den Boden
2. Setzen Sie sich so zurück, bis Ihr Po auf den Fersen ruht
3. Richten Sie Ihren Oberkörper so auf, dass Ihr Rücken gerade ist
4. Legen Sie die Hände mit den Handflächen nach oben locker auf Ihre Oberschenkel, drücken Sie dabei die Ellenbogen nicht vollständig durch und legen Sie den Zeigefinger und den Daumen aneinander
5. Schließen Sie Ihre Augen und halten Sie Ihren Kopf gerade

Die Totenstellung oder auch „Savasana": Diese Meditationsstellung ist der Stellung beim Schlafen sehr ähnlich. Sie zeichnet sich durch eine enorme Entspannung aller Muskelgruppen aus.

Von Haus ruhige Menschen werden bei dieser Meditationshaltung sehr schnell müde und können bei der Meditation einschlafen. Bei sehr nervösen oder unruhigen Menschen hingegen hilft gerade diese sehr lockere Meditationsstellung, um beruhigend zu wirken.

1. Legen Sie ganz entspannt und in bequemer Haltung auf den Rücken.
2. Während Ihre Beine geschlossen nebeneinander liegen, lassen Sie Ihre Füße in Form eines V auseinanderfallen, so dass sich die Fersen leicht berühren
3. Ihre Arme liegen leicht angewinkelt neben dem Körper, wobei die Handflächen den Boden berühren.
4. Schließen Sie die Augen und beginnen Sie Ihre Meditation, nachdem das Asana nicht mehr störend wirkt oder droht, Sie abzulenken

Die „Siddhi"-Stellung: Diese Meditationsstellung können Sie sowohl als Anfänger für kurze Übungen benutzen als

auch für längere Meditationssitzungen, die Sie zu einem späteren Zeitpunkt durchführen. Die recht einfache Haltung kann Ihnen unter Umständen zu Beginn oder bei sehr anspruchsvollen Meditationen ein leichtes Unwohlsein vermitteln. Dagegen hilft aber ein Kissen unter dem Po wahre Wunder.
1. Setzen Sie gerade hin und strecken Sie den Rücken so durch, dass er gerade ist.
2. Ziehen Sie nun Ihre Beine zum Becken hin, wobei Sie die Knie seitlich liegen lassen
3. Legen Sie nun Ihre Handrücken locker auf die Knie, wobei Ihre Arme nicht völlig durchgestreckt werden sollten
4. Schließen Sie nun die Augen und konzentrieren Sie sich auf Ihre Meditationsübung, nachdem das Asana nicht mehr ablenkend wirkt

3.2. Meditationsobjekt

In vielen Meditationsübungen ist von einem sogenannten Meditationsobjekt die Rede. Damit ist nicht immer ein Gegenstand gemeint. Es kann sich dabei ebenso gut um einen festen Punkt im Raum oder der Umgebung handeln. Aber auch ein visuelles Bild vor dem inneren Auge kann gemeint sein. Bei vielen Meditationen wird zudem mit der Vorstellungskraft gearbeitet. So finden sich zum Beispiel in den Fantasiereisen immer wieder bildhafte Anleitungen, mit denen wir uns, dank unseres Vorstellungsvermögens zum Beispiel an einen Strand begeben oder von den tosenden Wellen umspült werden.

Aber auch in der geführten Meditation wird durch eine bildhafte Sprache ein Meditationsobjekt erschaffen, durch welches wir das Ziel der Meditation schlussendlich erreichen.

Sehr empfehlenswert ist sowohl für Anfänger als auch für Fortgeschrittene ein Mantra, welches in Form eines Wortes, dem Mantram in die Meditation aufgenommen wird. Hierbei spricht man auch oft von der Transzendentalen Meditation, die aus dem Indischen stammt und mittlerweile weitverbreitet ist. Dabei ist das Mantra besonders hilfreich, um sich im gesamten Verlauf der Meditation zu konzentrieren und immer wieder auf den Kern zurückzukommen. Bei der Auswahl dieser Mantren sollten Sie darauf achten, dass die Worte keine Bedeutung in unserer Sprache haben. Denn dadurch wird Ihr Unterbewusstsein bei der Anwendung dieser Worte keine Assoziationen hervorrufen. Die damit verbunden Gedanken können Ihre Meditation stören und Sie können das Ziel der Meditation, der Entleerung und Beruhigung des Geistes, nicht erreichen. Benutzen Sie das gewählte Mantram immer nur für die Meditation, so wird es ein Teil von Ihnen.

Traditionelle Mantren sind zum Beispiel die Worte: Om - Aum – So - Ham - Om mani padme hum - Yam - Ram -Vam - Lam - Gum - Krim - Shrim – Aim. Wählen Sie sich das Mantram, welches Ihnen am besten gefällt oder zusagt. Sie können dieses Mantram sowohl immer Geiste stetig wiederholen oder auch laut sagen. Sollte unter den traditionellen Mantren nicht das passende für Sie dabei sein, so können Sie sich natürlich auch Ihr eigenes Mantram entwickeln und erschaffen. Dabei sollten Sie aber beachten, dass die unterschiedlichen Laute sich auch unterschiedlich auswirken können. Zum Beispiel wirken die weichen Laute a, o, u und dergleichen beruhigend wirken. Hingegen wirken harte Laute wie zum Beispiel i und r eher anregend. Das bedeutet, dass gerade unruhige Menschen die weichen Laute verwenden sollten, um schneller entspannen zu können. Ruhige Menschen hingegen sind Worte mit harten Lauten zu empfehlen, wodurch sie mehr Energie generieren können.

Kapitel 12: Meditation – Die Resultate

Nach einigen Wochen regelmäßigen Meditierens werden Sie eine deutliche Veränderung feststellen. Sie werden bemerken, dass sich sowohl Ihr Denken als auch Ihre Emotion durch den Vorgang des Meditationsübung positiv verändert.

4.1. Wie Meditation Ihr Denken verändert

Besonders offensichtlich ist die Veränderung im denken, die durch das Meditieren hervorgerufen wird. Unser Gehirn arbeitet unentwegt und die meisten von uns sind ständig dabei, an irgendetwas zu denken. Wenn wir nicht selbst bewusst an etwas denken, beginnt unser Gehirn oft von sich aus damit, bestimmte Gedanken immer wieder abzuspulen. Das Problem ist, dass ein Großteil all der Dinge, die uns den ganzen Tag im Kopf herumgehen, sorgenbeladene Dinge sind, die uns belasten und die dabei in keiner Weise nützlich oder hilfreich sind. Die ganze Zeit schwirren Gedanken in unserem Kopf herum und die meisten davon entstehen ohne unser bewusstes Zutun.

Mit Meditation gewinnen wir Kontrolle über unseren Geist und über unser Denken zurück. Meditation unterbricht den ständigen inneren Monolog und bringt die herumschwirrenden Gedanken zur Ruhe. Meditation sorgt für innere Ruhe und hilft uns, unsere Gedanken zu klären. Je mehr Übung wir in der Meditation bekommen, desto klarer und desto konzentrierter werden unsere Gedanken. Es fällt dann auch außerhalb der Meditationsübungen leichter, die Gedanken zu kontrollieren. Wir werden weniger ablenkbar, können uns besser auf konkrete Aufgaben konzentrieren und neigen weniger dazu, über negative Dinge nachzudenken.

Sie werden zu mehr innerer Ruhe und Gelassenheit finden und Sie werden feststellen, dass Sie sich generell weniger Sorgen machen und dazu neigen, alles viel positiver und gelassener zu sehen, als dass bisher der Fall der war.

Man kann ohne Übertreibung sagen, dass wir mit erfolgreicher Meditation unser Denken in völlig neue, klarere Bahnen lenken können.

4.2. Gefühle und Meditation

Doch nicht nur unser logisches Denken wird von der Meditation positiv beeinflusst. Auch die Emotionen profitieren von regelmäßiger Meditation. Unsere Emotionen beeinflussen unsere Gedanken und unsere Gedanken beeinflussen unsere Emotionen. Da ist es nur naheliegend, dass sich Meditation sowohl auf Gedanken wie auf Emotionen auswirken. Wenn unser Denken weniger angstbesetzt ist es naheliegend, dass sich diese verringerte Belastung auch positiv auf das Gefühlsleben auswirkt. Es wird vermutlich etwas länger dauern, bis Sie die Auswirkungen der Meditation auch in ihrem Gefühlsleben registrieren. Doch dann werden Sie feststellen, dass Ihnen nach und nach alle negativen und stressbedingten Emotionen immer fremder werden. Im Laufe der Zeit wird es Ihnen gelingen, sich immer mehr von ihren negativen Emotionen zu distanzieren, so dass diese Gefühle Ihnen schließlich nichts mehr anhaben können. Gefühle wie Wut, Neid oder Hass werden Ihnen immer fremder werden, je länger Sie meditieren. Kein Wunder, denn die meisten negativen Gefühle entstehen ohne jede Grundlage und werden ausschließlich durch den ständig arbeitenden Malstrom unserer angstbeladenen Gedanken erzeugt – und genau dieser negative Kreislauf wird durch die Meditation schließlich allmählich schwäche rund schwächer, bevor er schließlich ganz unterbrechen wird. Es wird einige Wochen dauern, bis Sie die Auswirkungen des Meditierens auch an ihrem Gefühlsleben feststellen, Lassen Sie sich davon nicht orientieren, tiefgreifende Veränderungen wie diese brauchen nun einmal eine gewisse Zeit.

Kapitel 13: Aktive Techniken

Die aktiven Techniken binden Bewegung mit in die Mediation ein, um eine Verbindung zwischen Körper und Geist herzustellen. Es gibt zahlreiche Möglichkeiten die Kinder durch Bewegungsübungen zu entspannen, speziell auch als Unterbrechung oder Ausgleich für einen langen Schulalltag, den die Kinder überwiegend sitzend verbringen. Die Bewegungen können gezielt, wie bei Yoga, durch die Flexibilisierung des Körpers mit langsamen und intensiven Übungen ausgeführt werden, als gymnastische Übungen des Qi-Gong oder im Kampfsport des Tai Chi. Auf die einzelnen Möglichkeiten werden wir im Verlauf des Buches noch eingehen.

Aber auch die Bewegung im Raum, um einen Moment der Stille mit der Lockerung des Körpers durch reines Gehen zu harmonisieren oder Tanzen nach einer entspannenden Musik, die den Kindern die Möglichkeit bietet ihre Gedanken und Bewegungen dem Klang und Rhythmus der Musik anzuvertrauen, bieten Momente der Entspannung und des Loslassens.

Mit einem anthropologischen Ansatz betrachtet, besteht der Mensch aus drei Elementen: dem Körper, dem Geist und der Seele. Die Mediationen, ganz gleich in welcher Form sie zur Anwendung kommen, dienen einer Harmonisierung dieser drei Elemente und ermöglichen den Kindern ein Gleichklang dieser wichtigen Teilbereiche.

Kapitel 14: Finden Sie Ihre Innere Kraftquelle

Das Leben ist wie ein Fluss. Veränderungen finden also fortlaufend statt. Ein Grundlegender Wandel ist jedoch selten. Die herausfordernde Frage, die Sie sich stellen sollten, ist:

Was in meinem Leben zählt wirklich für mich, was treibt mich täglich an und macht mich glücklich?

Gehen Sie die Aufgaben mit einem ehrlichem Engagement an. Sollten Sie nicht das Gefühl haben, aktuell etwas verändern zu wollen, weil Ihnen die Frage nach dem Sinn des Lebens noch gar nicht begegnet ist, dann nutzen Sie die Übungen, um Ihre Wertvorstellungen zu überprüfen.

Hierbei wird Ihnen dieses spirituelle Coaching helfen.

Teil 1:

Was treibt Sie an und gibt Ihrem Leben einen tieferen Sinn? Das kann Ihre Arbeit, Ihre Familie oder ein geliebtes Hobby sein. Was immer es auch ist, nennen Sie es beim Namen und konkretisieren Sie es so gut, wie es Ihnen möglich ist. Notieren Sie die Antworten auf die folgenden Fragen auf einem Blatt und nehmen Sie sich diese auch zu Herzen:

Nennen Sie mindestens drei Aspekte, die Ihrem Leben einen Sinn geben.

Haben Sie Wünsche und Visionen, die Sie in absehbarer Zukunft verwirklichen möchten? Beginnen Sie mit einem kurzen Brainstorming und gehen Sie dann zum Ranking über.

Welche realistischen Etappenziele haben Sie sich für die Top 3 Ihrer Wünsche gegeben?

Worauf möchten Sie am Ende Ihrer Berufskarriere oder Ihres Lebens zufrieden zurückblicken können?

Erwarten Sie keine sofortige Erleuchtung. Dies ist ein Prozess, der nicht über Nacht abgeschlossen werden kann. Vermutlich auch nie komplett abgeschlossen sein wird. Setzen Sie nicht alles auf eine Karte, sonst kann es passieren, dass Sie nicht mehr weiterwissen, wenn Sie diese Karte einmal verlieren sollten. Und setzen Sie sich nicht unter Druck, Nicht selten kommen entscheidende Erkenntnisse in einem Augenblick zu trage, in dem Sie am wenigsten mit Ihnen rechnen.

Teil 2:

Bei einem Coaching geht es in erster Linie um die Arbeit an sich selbst, und das ist letztlich nichts anderes als spirituelle Arbeit. Sich selber kennenzulernen, dabei seine Wahrheit zu akzeptieren und die Haltung des Vertrauens, der Hoffnung und Geduld, schließlich auch die der

Gelassenheit einzuüben, macht Sie zum Entdecker Ihrer eigenen Kraftquellen.

Was von dem, das Ihnen helfen könnte, Ihre Ziele zu erreichen, fehlt Ihnen derzeit am meisten?

Wie könnten Sie es ändern?

Wer kann Ihnen dabei helfen?

Was ist eventuell der Preis, den Sie dafür zahlen müssen?

Wie sähe die Zielkontrolle aus?

Was wäre der allererste Schritt in die gewünschte Richtung?

Teil 3:

Da unsere Gedanken unsere Wahrnehmung maßgeblich prägen, haben Sie im Vorfeld schon ganze Arbeit geleistet, wenn Sie regelmäßig beim

Trainieren der Achtsamkeit Ihren inneren Monolog beobachtet haben. Es wird Ihnen also leichter fallen, sich auf die Fragen einzulassen und sie achtsam zu beantworten.

Welche Beziehungen oder Tätigkeiten bieten Ihnen Raum zur inneren Entfaltung?

Können Sie sich vorstellen, diese auszubauen und zu vertiefen?

Was müssen Sie dafür tun?

Wie stillen Sie Ihre Sehnsucht nach Liebe, Anerkennung und Wertschätzung?

Ist es ein sinnvoller Weg, der keinem anderen schadet und Sie gleichzeitig persönlich wachsen lässt?

Beruht dabei das Prinzip auf gegenseitigem Geben und Nehmen?

Metta-Meditation

Dies ist eine klassische Übung zur Erweiterung unseres Bewusstseins und zur Entfaltung von Herzensqualitäten. Diese sind, wie im Buch bereits erwähnt, ein eminent wichtiger Bestandteil der spirituellen Inhalte. Wir leben in einer Zeit, wo es scheint, dass jeder selbst sein Nächster wäre. Und genau hier kann diese Übung dabei helfen, Mitgefühl und Empathie zu kultivieren.

Papst Franziskus beklagte sich ebenfalls, dass wir uns an das Leid des anderen gewöhnt hätten, weil er uns nicht betreffe. Wir empfinden kein Mitgefühl und haben sogar die Fähigkeit zu weinen verloren, mahnte er.

Diese Meditationstechnik ist eine der meist Untersuchtesten überhaupt. Dabei haben die Studien gezeigt, dass neben dem Zuwachs an grauer Substanz im Gehirn eine regelmäßige Kultivierung bejahender Gefühle auch das körperliche

Wohlbefinden nährt und zu einer verbesserten Bindung zu sich selbst führt. Gleichzeitig werden Beziehungen zu anderen Menschen positiver und näher erlebt.

Um diese Technik zu erlernen, führen Sie die folgenden Anweisungen durch:

Nehmen Sie eine aufrechte und für Sie angenehme Körperhaltung ein.

Atem Sie ruhig und gleichmäßig durch die Nase ein und aus.

Legen Sie den Fokus auf Ihr Herz und verweilen Sie dort einen Augenblick lang in Stille. Sie können dabei Ihre beiden Hände übereinander auf die Brust legen oder sich Ihr als dreidimensionales Organ vorstellen.

Überlegen Sie dann, was Sie sich aktuell am meisten wünschen würden und formulieren Sie dazu einen klaren, prägnanten Satz. Wiederholen Sie den Wunsch innerlich einige Male.

Im zweiten Schritt senden Sie wohlwollende Wünsche an eine Person, die Ihnen nahe steht.

Im dritten Schritt übermitteln Sie Ihre guten Wünsche einer Person, zu der Sie eher eine neutrale Beziehung führen.

Im letzten Schritt denken Sie an jemanden, zu dem Sie derzeit keinen versöhnlichen Kontakt haben. Auch dieser Person senden Sie innerlich gute Wünsche.

Abschließend können Sie allen Menschen und Lebewesen Gesundheit, Glück und ein liebevolles miteinander wünschen.

Nehmen Sie einige tiefe Atemzüge und kommen dann mit Ihrer Wahrnehmung zurück in den Raum, in dem Sie sich befinden. Strecken und recken Sie sich genüsslich und nehmen das Gefühl des Wohlwollens mit in den Tag.

Dieses Coaching kann Ihnen dabei helfen, einige Kraftquellen in Ihnen zu entdecken, frei zu legen und und weiter auszubauen. Gezielte Fragen stellen Denkanstöße dar und werden Ihnen dabei helfen, die ein oder andere (Perspektiven) Tür zu öffnen. Seien Sie also offen und entdecken Sie die Vielfalt der Möglichkeiten, Ihr Bewusstsein zu erweitern.

Kapitel 15: Glücklich Vom Ersten Augenblick Des Tages An

Was erhoffen Sie mit Hilfe der Meditation für Ihre Leben zu gewinnen? In diesem Kapitel wollen wir uns um Ihr Glück kümmern. Ziel ist es, Sie zum positiven Denken zu animieren und Ihren Geist zur Ruhe kommen zu lassen. Mehr Glück und Ausgeglichenheit wird Sie mit ungeahnter Kraft und Energie den Tag beginnen lassen und Sie den Alltag auf neue Weise erfahren lassen. Wie lernen Sie also positives Denken und Glück?

Fragen Sie sich zunächst: Was geht Ihnen normalerweise als erstes durch den Kopf, wenn sie morgens die Augen aufschlagen? Wahrscheinlich fallen Ihnen zuerst eher die unangenehmen Dinge ein, die Sie heute erledigen müssen. So werden Sie definitiv keinen guten Start in den Tag haben. Diese Routine sollten Sie als erstes ablegen und durch eine nNeue ersetzen.

Ab dem nächsten Morgen tun Sie Folgendes, sobald Sie wach werden: Sie liegen noch im Bett und lassen sich viel Zeit aufzuwachen. Blicken Sie an die Decke oder aus dem Fenster. Jetzt beginnen Sie langsam zu überlegen, wofür im Leben Sie eigentlich dankbar sind. Lassen Sie ihre Gedanken schweifen. Wandern Sie mit den Augen durchs Zimmer und es werden Ihnen sicherlich viele Dinge einfallen. Im Grunde genommen sind Sie ein reicher Mensch. Vielleicht haben Sie eine gemütliche Wohnung, in der Sie sich wohl fühlen. Dieser Ort gehört nur Ihnen. Er gibt Ihnen Geborgenheit und Sicherheit. Dieser Ort ist Ihr zu Hause und Sie haben ihn sich so hergerichtet, wie Sie wollen.

Lassen Sie Ihren Blick weiter schweifen. Was finden Sie noch in Ihrem Zimmer? Vielleicht ein paar Fotos, die Sie als Erinnerung an der Wand aufgehängt haben. Was ist auf den Bildern zu sehen? Sie selbst im Urlaub? Ihre Familie? Ihre Freunde? Warum haben Sie diese Bilder eigentlich an der Wand hängen? Genau!

Weil Sie sich gerne erinnern. Weil Sie für diese Momente, in denen die Fotos entstanden sind, dankbar sind. Weil Sie für die Menschen auf den Bildern dankbar sind. Es gibt unzählige Dinge für die Sie dankbar sein können. Seien Sie nur bescheiden und gehen Sie mit offenen Augen durchs Leben, um diese Dinge zu sehen. Vielleicht haben Sie keine Lust zur Arbeit zu gehen oder drücken sich vor etwas anderem, das Sie an diesem Tag erwartet. Sollten Sie aber nicht schon allein für den Umstand dankbar sein eine Arbeit zu haben und dafür, das Sie an diesem Tag überhaupt etwas erwartet? Und wenn Ihnen in Ihrem Leben etwas nicht gefällt, warum haben Sie es dann nicht schon längst geändert?

Dieses kurze in-sich-gehen wird ab sofort zu Ihrem neuen Begleiter in den ersten Minuten eines neuen Tages. In diesen ersten Augenblicken, sollen Sie sich Ihrer tiefen Dankbarkeit für Ihre bloße Existenz bewusst werden. Beginnen sie damit sich diese Existenz bewusst zu machen, indem

Sie, während Sie im Bett liegen aufmerksam Ihre Hände betrachen. Wackeln Sie mit den Zehen und spüren Sie, dass Sie da sind. Heben Sie ein Bein zur Decke. Drehen Sie den Kopf nach links. All diese Bewegungen geschehen, weil Sie es wollen. Sie sind kein Spielball dieser Welt. Sie können die Spielregeln selbst bestimmen. Machen Sie sich klar, wo und wann Sie sind. Sie sind im Hier und Jetzt. Sie haben Füße, mit denen Sie laufen können, wohin Sie wollen. Sie haben Hände, mit denen Sie erschaffen können, was Sie wollen. Sich dieser Existenz bewusst zu werden bedeutet Kraft und Energie zu schöpfen. Was Sie mit Ihrer bloßen Existenz alles bewerkstelligen können! Am besten beginnen Sie bei sich selbst. Sie existieren, also haben sie die Macht Ihr Schicksal und diesen anbrechenden Tag selbst in die Hand zu nehmen. Sie allein bestimmen, was Sie daraus machen.

Auch dieser neue Tag wird Ihnen wieder viel Glück und Freude bereiten, wenn Sie sich dessen nur bewusst sind und bereit sind Glück und Freude überhaupt empfinden zu wollen. Falls Sie noch immer im Bett liegen, denken Sie mal darüber nach, worauf Sie sich am heutigen Tag freuen. Sicher freuen Sie sich schon auf Ihren Kaffee und auf ein leckeres Frühstück. Worauf noch? Sie müssen lernen, alle negativen Gedanken aus Ihrem Kopf zu verbannen und nur die Positiven zuzulassen. Machen Sie sich klar, dass Ihre Empfindungen und Ihre Wahrnehmung gegenüber Dingen, die Sie eigentlich nicht tun wollen nicht real sind. In Ihrem Kopf unterteilen Sie Erlebnisse, Erfahrungen oder Erledigungen in Kategorien. Meist gibt es nur schwarz und weiß. Schlecht und gut. Diese Einteilung ist jedoch total irrational. Ein Leben, welches nur aus guten Erlebnissen, Erfahrungen und Vorhaben besteht, wäre ziemlich schnell, ziemlich langweilig. Ihren letzten Urlaub verbuchen Sie wahrscheinlich unter der Kategorie gute Erlebnisse. Wenn Ihr ganzes Leben aus Urlaub bestehen würde, wäre das nicht nur langweilig, sondern

Ihnen würden auch Ziele, Herausforderungen und Erfolgserlebnisse fehlen, welche Sie nur feiern können, wenn Sie ein Hindernis überwunden haben. Womit wir zum nächsten Thema kommen, den Zielen in Ihrem Leben und wie Sie diese durch Meditation finden können.

Kapitel 16: Die Kunst Des Meditierens: Die Wirkungsvollste Und Effektivste Form Des Meditierens

Es gibt unendlich viele Variationen zu Meditieren. Während viele Meditationstechniken eine gewisse Kontrolle über die eigenen Gedanken, sowie eine tiefe Konzentration voraussetzen, ist die nachfolgende Meditationspraxis weit weniger anstrengend. Ziel dieser speziellen Meditationstechnik ist die tiefste Stufe der Entspannung zu erreichen, indem das Bewusstsein nach innen gekehrt wird. Hier wird gerne mit Mantras gearbeitet, also mit Worten, die still und kontinuierlich wiederholt werden und mit deren Hilfe das Bewusstsein ganz sanft beruhigt werden kann. Diese eigens entwickelte Meditationspraxis ist dank ihrer einfachen

Ausübung vor allem für Meditations-Anfänger besonders geeignet. Sie stellt eine wirkungsvolle Kombination aus Mantra und Atem-Meditation dar und arbeitet zudem mit Visualisierungen, was zu einer gesteigerten Entspannung beiträgt.

Was macht sie so wirkungsvoll?

Meditation in all seinen Facetten findet immer mehr Sympathisanten und selbst Skeptiker müssen sich spätestens wenn sie von den nachweislichen positiven Wirkungen für Körper und Geist erfahren, eingestehen, dass die Aufmerksamkeit rund ums Thema Meditation ihre Legitimation hat. Während des meditativen Zustandes geschehen grundsätzlich drei Dinge: Der Meditierende erreicht einen Zustand tieferer Ruhe, als es im Schlaf der Fall wäre, Stresshormone werden ab- und Glückshormone aufgebaut und die Gehirnwellenkohärenz verstärkt sich. Ersteres geschieht ganz ohne Druck oder

Zwang. Der tiefe Ruhezustand ist bereits in jedem von uns und muss daher nicht erzwungen werden - wir müssen uns ihm nur zuwenden und ihn auf ganz natürliche Weise annehmen. Eine Studie der Harvard Medical School konnte durch Messung des Sauerstoffverbrauchs belegen, dass der Körper zu einer Tiefenentspannung finden kann, die doppelt so hoch ist, wie die höchste Ruhe während des normalen Schlafes. Diese Tiefenentspannung ermöglicht es dem Körper, seine Selbstheilungskräfte zu aktivieren und zwar in einer Weise, zu der es durch die reine Entspannung im Schlaf nicht kommt. Was die Gehirnfunktion angeht, so lohnt es sich, einen genaueren Blick auf die Veränderungen zu werfen, die die Meditation hier bewirken kann. So kann mittels EEG beispielsweise nachgewiesen werden, dass die Kohärenz, also die Zusammenarbeit verschiedener Bereiche im Gehirn, während des Meditierens stark ansteigt. Der verstärkte Blutfluss kommt zudem dem präfrontalen Kortex zu gute. Dabei handelt es sich um das Vorderhirn, in dem unsere Gedanken sitzen. Hier werden Impulskontrolle, emotionale Stabilität, Selbstvertrauen und Konzentration gesteuert. In Stressituationen neigt der präfrontale Kortex dazu, sich auszuklinken. Die Information, die eigentlich beispielsweise vom Auge, über den visuellen Kortex, zum präfrontalen Kortex und erst dann zum motorischen Kortex gewandert wäre, überspringt den präfrontalen Kortex stattdessen, um Zeit zu sparen, die in einer Stresssituation natürlich knapp ist. Je häufiger es hierzu kommt, desto mehr gewöhnt sich der präfrontale Kortex daran, übersprungen zu werden. Er klinkt sich immer früher aus, sodass seine Aktivität im Ganzen langfristig massiv sinkt. Meditation setzt hier an und wirkt diesem Problem entgegen. Studien beweisen eindeutig, dass sie maßgeblich zu einer gesunden Aktivität des Vorderhirns beitragen kann. Während dieses nämlich, wie bereits erläutert, besser durchblutet wird, nimmt der Blutzufluss zur Amygdala, also zum

Stresszentrum unseres Gehirns, ab. Es ergibt sich eine absolute Win-Win-Situation.

Kapitel 17: Gehmeditation

Beide Gehirnhälften sind beim Gehen aktiviert. Denn die Schritte des linken bzw. des rechten Beins erfolgen in einem ruhigen Rhythmus. Im täglichen Leben ist die logische, linke Hemisphäre stärker aktiv – doch bei der Gehmeditation schaltet sich auch die rechte Hälfte der Intuition ein. Die Aufmerksamkeit ist bei dieser Art der Meditation sehr auf die Schritte konzentriert und auf die inneren Vorgänge gerichtet.

Durch die Bewegung des Körpers werden die Bewegungen des Geistes ausgelöst. Zugleich verbrauchen die Muskeln Energie, die sich über den Tag aufgestaut haben. Aus mehreren Kulturen ist das Gehen als Form der Kontemplation bekannt. So geben sich in der christlichen Religion die Wallfahrer ihren inneren Eindrücken hin und in den östlichen Traditionen ist bspw. im Zen der Kinin als Gehmeditation bekannt.

Diese Form der Meditation kannst du mit der Achtsamkeitsmeditation kombinieren, indem dich bspw. ein Mantra beim Wandern begleitet.

Dynamische Meditation

Die „Dynamische Meditation" ist wohl die aktivste Form. Sie besteht aus einer fixen Abfolge von Ausdrucksformen, von denen der gesamte Körper aufgerüttelt wird, so dass er aus den alten Mustern gezielt ausbrechen kann. Eingeleitet wird das Ganze von einer chaotischen Atemsequenz, in der du das Atmen völlig neu und ungeordnet erfährst, bis es dann zu 10 Minuten purem Chaos geht. Nun dürfen alle Gefühle Ausdruck finden. So können Wut und Trauer durch Schreie und lautes Weinen ins Fließen kommen. Zumeist liegen Kissen oder Matratzen bereit, so dass du deinen Frust oder andere intensive Gefühle körperlich ausdrücken kannst.

Die weiteren Teile dieser Meditationsart dienen dazu, dass die Eindrücke und gelösten Gefühle neu integriert werden. Selbst Fortgeschrittene, die bereits mit dieser Meditationsart Erfahrung haben, schrecken manchmal davor zurück, wie intensiv sich die Ausdrücke zeigen. Die Angst vor starken Gefühlen ist in uns tief verankert und eben diese sollte auch Beachtung finden, solange es notwendig ist. Wenn du das Bedürfnis hast, dich ganz bewusst einmal so richtig gehen zu lassen und deine Grenzen in einem geschützten Rahmen zu spüren, dann ist diese Meditationsart sicherlich genau das Richtige für dich.

Welche Meditationsformen gibt es noch?

Es gibt noch eine Vielzahl von weiteren Meditationsarten:

Bodyscan In entspannter Atmosphäre (zumeist im Liegen) scannst du deinen Körper mit Hilfe der Konzentration auf den

Atem nach Verspannungen und Empfindungen jeglicher Art ab.

Kundalini Meditation   Hier werden die Chakren angesprochen – bzw. konkret das 1. Chakra, das Wurzelchakra. Im ersten Teil der Meditation aktivierst du die Energie und im zweiten Teil konzentrierst du dich auf die Geschehnisse im Inneren deines Körpers und kannst spüren, wie die neuen Energien sich in Geist und Körper entfalten.

Vipassana Medition   „Klare Sicht" – das ist die Bedeutung von Vipassana. Damit ist das Ziel deutlich beschrieben. Hier sollst du drei Sichtweisen am eigenen Körper erfahren: Unbeständigkeit, Leidhaftigkeit, Nicht-Selbst.

Mantrameditation   Diese Meditation kann aktiv und passiv sein.

Zudem haben sich aus den verschiedenen Kulturen und Traditionen noch viele weitere unterschiedliche Methoden der Meditation entwickelt, die sich mit der Einheit allen Seins und dem eigenen Inneren beschäftigen. Einige davon haben mit dem ursprünglichen Begriff der Meditation nur noch sehr wenig zu tun, aber dennoch verhelfen auch sie zu erweiterten Einsichten und bergen die Möglichkeit, die alten Muster aufzulösen und Blockaden zu brechen:

- Yoga
- Fantasiereisen
- Tanz
- Musik & Gesang
- Tantra
- Qi Gong
- Thai Chi

Du siehst: es gibt eine Fülle von Möglichkeiten, dein eigenes Inneres zu entdecken und dadurch letztendlich zu neuen Erkenntnissen und Einsichten zu kommen. Welche Form am besten zu dir passt, das kannst du nur herausfinden, wenn du es ausprobierst.

Wenn du jedoch ganz neu auf dem Gebiet der Meditation bist, dann ist die klassische stille Meditation erfahrungsgemäß die

Beste oder auch die rhythmische Mantra Meditation.

Kapitel 18: Problem- Und Fehlerlösungen

Problem 1: Gedankenkarussell während der Meditation
Wichtig ist, dass Sie wissen, dass sich die Gedanken nicht einfach durch den eigenen Willen auflösen können während der Meditation. Lassen Sie die Gedanken einfach kommen, wie Wolken, die vorüberziehen. Das ideale Ziel wäre es, dass man während des Meditierens quasi "gedankenfrei" ist, doch das erfordert Übung. Beobachten Sie Ihre Gedanken und werden Sie sich dieser bewusst! Mit der Zeit und der häufigen Übung werden die Gedanken dann weniger und Sie können gut damit umgehen.

Problem 2: Zu müde für die Meditation
Wenn es Ihnen passiert, dass Sie womöglich einschlafen während der Meditation, dann wäre der Tipp wichtig, morgens zu meditieren. Vielleicht ist Ihre ideale Zeit aber auch der Nachmittag.

Nach dem Essen ist es weniger ratsam. Hier ist es wichtig, den eigenen Biorhythmus kennenzulernen, wann man innerhalb der Meditation nicht einschläft. Es kann auch sein, dass ein Körperteil bei Ihnen einschläft (Fuß, Hand etc.). Sorgen Sie hier einfach für eine gute Sitzposition (Kissen).

Problem 3: Die Konsequenz beim Meditieren
Wichtig ist, dass man ein Ritual aus der Meditation macht, sie kontinuierlich praktiziert. So werden sich Erfolge einstellen. Zu Beginn ist es genug, zehn Minuten täglich zu meditieren. Oder wenn das zu viel ist, dann beginnen Sie einfach mit fünf Minuten. Priorität hat die Kontinuität, nicht die Zeit, wie lange die Meditation dauert. Immer mal wieder nach anstrengenden Phasen im Alltag eine Meditation einbauen, das ist das dauerhafte Ziel.

Problem 4: Negative Gedanken während des Meditierens

Versuchen Sie, die negativen Gedanken zwar wahr zu nehmen, Ihnen aber keinen großen Raum zu geben in Ihrem Bewusstsein. Stellen Sie einfach nur fest: Die negativen Gedanken sind jetzt da! Ohne Wertung - nur eine Feststellung! Dadurch gewinnen Sie Distanz zu diesen Gedanken und die Kraft dieser Gedanken verschwindet von selbst.

Problem 5: Sich selbst Leistungsdruck machen beim Meditieren
Viele Menschen denken: Mache ich es richtig? Genau dieser Leistungsdruck ist völlig falsch beim Meditieren! Es gibt hier kein "Richtig" oder "Falsch", alles ist richtig! Einfach Loslassen und die eigene Art finden, wie die Meditation im eigenen Körper Positives bewirkt!

www.ingramcontent.com/pod-product-compliance
Lightning Source LLC
Chambersburg PA
CBHW071439070526
44578CB00001B/140